John J. Murphy

# Charttechnik leicht gemacht

## TITEL DER SIMPLIFIED-BUCHREIHE

Matthias von Arnim
**Erfolgreich mit Aktien** – simplified

Herbert Autengruber
**Aktienfonds für jedes Anlageziel** – simplified

Holger Bengs, Mike Bayer
**Investieren in Biotechnologie** – simplified

Lawrence A. Cunningham
**Value Investing** – simplified

Pierre M. Daeubner
**Alles was Sie über Technische Analyse wissen müssen** – simplified

Ed Downs
**Die besten Chartmuster** – simplified

Christian Eck/Marcel Langer/Matthias Riechert
**Eurex** – simplified

Heinrich Eibl
**ETFs** – simplified

Horst Fugger
**Börsen-Lexikon** – simplified

Horst Fugger
**Derivate-Lexikon** – simplified

Markus Gunter
**Erfolgreich mit Investmentfonds** – simplified

Walter Hubel
**Mehr Geld im Alter** – simplified

Markus Jordan
**Zertifikate** – simplified

Jay Kaeppel
**Die 4 größten Fehler beim Handel mit Optionen** – simplified

Dennis Metz
**Devisenhandel** – simplified

Markus Miller
**Abgeltungssteuer – nein danke!** – simplified

David Morgan
**Insiderwissen: Silber** – simplified

John J. Murphy
**Charttechnik leicht gemacht** – simplified

Oliver Paesler
**Technische Indikatoren** – simplified

Melvin Pasternak
**Die 21 wichtigsten Candlestick-Formationen** – simplified

Richard Pfadenhauer
**Alles, was Sie über Derivate wissen müssen** – simplified

Michael J. Plos
**Daytrading** – simplified

Georg Pröbstl
**Die besten Dividendenstrategien** – simplified

Michael Proffe
**Die besten Trendfolgestrategien** – simplified

Udo Rettberg
**Rohstoffe** – simplified

Stefan Riße
**CFDs** – simplified

Raimund Schriek
**Besser mit Behavioral Finance** – simplified

Holger Scholze
**Hebelprodukte** – simplified

Antonio Sommese
**Die richtige Finanzplanung** – simplified

Daniel Wilhelmi
**Emerging Markets** – simplified

www.simplified.de

John J. Murphy

# CHART-TECHNIK

## LEICHT GEMACHT

**So analysieren Sie den Markt**

FinanzBuch Verlag

simplified



Unveränderter Nachdruck 2009
© 2005 FinanzBuch Verlag GmbH
Nymphenburger Str. 86
80636 München
Tel. 089 651285-0
Fax 089 652096
info@finanzbuchverlag.de

Den Autor erreichen Sie unter:
**jmurphy@finanzbuchverlag.de**

Gesamtbearbeitung: Judith Wittmann
Lektorat: Beate Wollrab-Vogt
Druck: Konrad Triltsch GmbH, Ochsenfurt

Bibliografische Information der Deutschen Bibliothek: Die Deutsche Bibliothek verzeichnet diese Publikation in der Deutschen Nationalbibliografie; detaillierte bibliografische Daten sind im Internet über **http://dnb.ddb.de** abrufbar.



ISBN: 978-3-89879-168-7

simplified

# Inhalt

simplified

# Einführung

Die Chartanalyse ist heutzutage beliebter als je zuvor. Dies liegt in erster Linie an der hoch entwickelten Software für die Chartanalyse. Durchschnittliche Trader von heute arbeiten mit leistungsfähigeren Computern, als sie noch vor einigen Jahrzehnten großen Institutionen zur Verfügung standen. Ein weiterer Grund für die Beliebtheit der Chartanalyse ist das Internet. Der leichte Zugang zu Chartanalysen des Internet hat eine Demokratisierung der technischen Informationsvermittlung in Gang gesetzt. Heute kann sich jeder ins Internet einloggen und sich ein überwältigendes Angebot an anschaulichen Marktinformationen zugänglich machen. Viele dieser Informationen kann man kostenlos oder zu sehr geringem Preis erhalten.

Eine weitere revolutionäre Entwicklung stellt die Verfügbarkeit von Echtzeitdaten der Märkte dar. Durch die erhöhte Schnelligkeit der Markttrends, die in den letzten Jahren festzustellen ist, und durch die Beliebtheit von kurzfristigen Tradingmethoden wurden Echtzeitdaten zur unverzichtbaren Waffe der technisch orientierten Trader. Daytrader sind auf Kursdaten angewiesen, die jede Minute dokumentieren. Und es versteht sich von selbst, dass der Hauptvorteil der Chartanalyse darin besteht, kurzfristige Kursbewegungen zu erkennen und von ihnen profitieren zu können.

In den letzten Jahren ist der Wechsel von einem Markt oder einer Branche zum/zur anderen besonders wichtig geworden. Mehr als jemals zuvor kommt es heute darauf an, zur richtigen Zeit im richtigen Markt oder in der richtigen Branche zu sein. In der zweiten Jahreshälfte von 1999 war die Technologie die Branche, in der enorme Gewinne erzielt wurden. Biotechnologie- und Hightech-Aktien waren die eindeutigen Marktführer. Wenn Sie sich in diesen Branchen engagiert haben, lief es hervorragend. Hatten Sie sich aber für eine andere Branche entschieden, mussten Sie wahrscheinlich Verluste hinnehmen.

Aber im Frühjahr 2000 wurde die Nasdaq durch umfangreiche Glattstellungsverkäufe von Biotech- und Technologie-Aktien in eine ausgeprägte Korrektur gezwungen, was zu einem plötzlichen Wechsel in zuvor nicht zur Kenntnis genommene Branchen des Blue-Chip-Marktes, wie beispielsweise Arzneimittel-, Finanz- und Grundstoffindustrie-Aktien führte. Das Geld wurde also von Aktien der Internet-Wirtschaft (New Economy) in Aktien der traditionellen Wirtschaft übertragen. Obgleich die fundamentalen Gründe für den plötzlichen Trendwechsel seinerzeit nicht ersichtlich waren, konnten sie Trader, die Zugang zu Echtzeitdaten hatten, sofort auf den Charts erkennen und sie wussten auch, wie man diese Daten im Kursdiagramm darstellt und richtig interpretiert.

Der letzte Punkt ist besonders wichtig, denn der Zugang zu Charts und Daten ist nur dann hilfreich, wenn der Trader weiß, was er damit anzufangen hat. Und genau darum geht es in diesem Buch, das Ihnen die wichtigsten Aspekte der Chartanalyse vorstellt.

Charts können als alleiniges Analyseinstrument oder in Verbindung mit der Fundamentalanalyse benutzt werden. Charts können zum Timing des Ein- und Ausstiegs oder bei der praktischen Anwendung fundamentaler Strategien eingesetzt werden. Charts können auch als Instrument angewendet werden, das den Trader warnt, dass sich etwas im fundamentalen Bereich geändert haben könnte. Welche

Anwendungsmöglichkeit Sie auch bei der Verwendung von Charts wählen: Charts stellen ein äußerst wertvolles Werkzeug dar, wenn Sie wissen, wie man es einsetzt. Mit diesem Buch können Sie diese Grundlagen erlernen.

simplified

# 1 Warum ist Chartanalyse so wichtig?

Um sich erfolgreich in den Finanzmärkten zu betätigen, muss man die Chartanalyse beherrschen. Bedenken Sie die Tatsache, dass alle Entscheidungen in den unterschiedlichen Märkten in der einen oder anderen Weise auf Marktprognosen beruhen. Ob der Marktteilnehmer kurzfristig orientierter Trader oder langfristig ausgerichteter Anleger ist, ändert nichts an der Tatsache, dass der erste und wichtigste Schritt im Prozess der Entscheidungsfindung üblicherweise in der Kursprognose besteht. Um diese Aufgabe zu erfüllen, stehen dem Analysten des Marktes zwei Prognosemethoden zur Verfügung: Die Fundamentalanalyse und die Technische Analyse.

Die klassische Fundamentalanalyse beruht auf dem Studium von Angebot und Nachfrage, denn diese beiden Faktoren führen dazu, dass die Kurse steigen oder fallen. In den Finanzmärkten würde der Fundamentalanalyst seine Aufmerksamkeit auf Unternehmensgewinne, das Handelsdefizit und die Veränderungen im Geldvorrat richten. Dieser Ansatz verfolgt das Ziel, zu einer Beurteilung des inneren Wertes eines Marktes zu kommen, um bestimmen zu können, ob der entsprechende Markt über- oder unterbewertet ist.

Die Technische Analyse oder Chartanalyse basiert dagegen auf der Analyse der Markttätigkeit selbst. Während sich die Fundamentalanalyse mit den Gründen und Ursachen beschäftigt, warum die Kurse steigen oder fallen, geht es der Technischen Analyse um die Auswirkung der

Kursbewegung. Hierbei steht die Analyse der Kurscharts im Zentrum. Die Chartanalyse ist sehr nützlich beim Vorgang der Kursprognose und kann ohne Berücksichtigung von Fundamentalfaktoren oder auch in Verbindung mit Fundamentalinformationen angewendet werden. Die Kursprognose ist jedoch nur der erste Schritt im Prozess der Entscheidungsfindung.

## Die zeitliche Abstimmung

Der zweite und oft schwierigere Schritt besteht in der zeitlichen Abstimmung. Für kurzfristig orientierte Trader können bereits geringe Kursbewegungen großen Einfluss auf die Tradingergebnisse ausüben. Daher ist die genaue zeitliche Abstimmung der Ein- und Ausstiegspunkte bei jedem Engagement in den Märkten unerlässlich. Kurz gesagt, ist Timing alles im Aktienmarkt. Aus Gründen, die Sie anschließend erfahren werden, ist die zeitliche Abstimmung fast rein technischer Natur. Aus diesem Grund ist der Gebrauch von Analyseprinzipien absolut unverzichtbar im Entscheidungsprozess. Nachdem nun die Bedeutung der Chartanalyse besprochen wurde, wollen wir uns mit der theoretischen Grundlage beschäftigen.

simplified

# 2 Was ist Chartanalyse?

Chartanalyse (auch Technische Analyse genannt) beinhaltet die Untersuchung des Marktgeschehens unter Einsatz von Kurscharts, die der Vorhersage der zukünftigen Kursrichtung dient. Der Eckstein der technischen Philosophie besteht in der Annahme, dass alle Faktoren, die einen Einfluss auf die Kursentwicklung haben (Fundamentalfaktoren, politische Ereignisse, Naturkatastrophen und psychologische Faktoren), unmittelbar in der Aktivität des Marktes berücksichtigt werden. In anderen Worten: Der Einfluss dieser äußeren Faktoren wird sich sofort in Form der Kursbewegung zeigen, die entweder nach oben oder nach unten gerichtet ist. Chartanalyse ist also einfach eine verkürzte Form der Fundamentalanalyse.

Merken Sie sich folgende Zusammenhänge: Steigende Kurse widerspiegeln bullische Fundamentalfaktoren, wobei die Nachfrage größer ist als das Angebot; fallende Kurse bedeuten, dass das Angebot größer als die Nachfrage ist, was auf bearische Fundamentalfaktoren hinweist. Diese Veränderungen der fundamentalen Gegebenheiten rufen Kursänderungen hervor, die leicht im Kurschart ersichtlich sind. Der Chartanalytiker kann sofort von diesen Kursveränderungen profitieren, und dazu braucht er die Gründe, die zu diesen Kursveränderungen geführt haben, nicht zu kennen. Dem Chartanalytiker ist einfach klar, dass steigende Kurse auf eine bullische Fundamentalsituation und fallende Kurse auf bearische Fundamentalfaktoren schließen lassen.

Ein weiterer Vorteil der Chartanalyse besteht darin, dass der Kurs selbst normalerweise einen Frühindikator der allgemein bekannten Fundamentalfaktoren darstellt. Die Kurstätigkeit kann daher einen Fundamentalanalysten darauf aufmerksam machen, dass sich etwas Bedeutendes unter der Oberfläche abspielt und ihn zur genaueren Analyse des Marktes veranlassen.

## Charts lassen die Kursentwicklung erkennen

Die Märkte bewegen sich in Trends. Der Hauptvorteil von Kurscharts besteht darin, dass sie Auskunft über vorherrschende Kurstrends geben und die Untersuchung dieser Trends weitgehend erleichtern. Die meisten der von den Chartanalytikern eingesetzten Techniken dienen dem Zweck, bedeutsame Trends zu erkennen, bei der Bestimmung des möglichen Ausmaßes dieser Trends behilflich zu sein und so früh wie möglich darauf hinzuweisen, wann ein Richtungswechsel stattfindet *(siehe Abbildung 2.1)*.

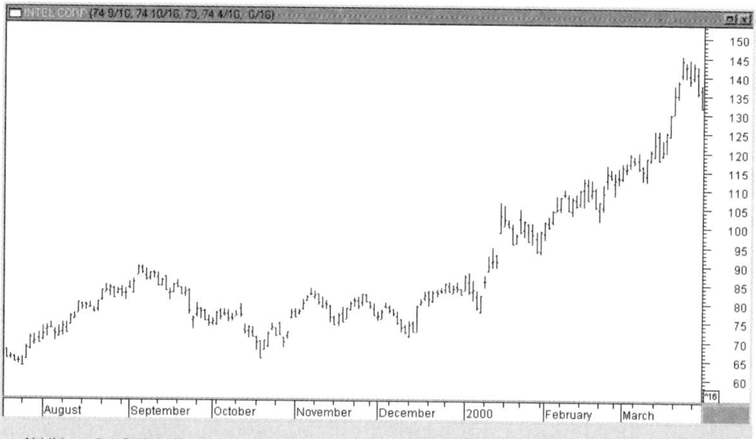


*Abbildung 2.1 Balken-Tageschart*

Dieser Tageschart von Intel *(Abbildung 2.1)* ist ein gutes Beispiel für einen Aufwärtstrend während eines Zeitraums von sechs Monaten. Charts erleichtern die Untersuchung von Trends. Bedeutsame Trends setzen sich fort, wenn sie sich erst einmal etabliert haben.

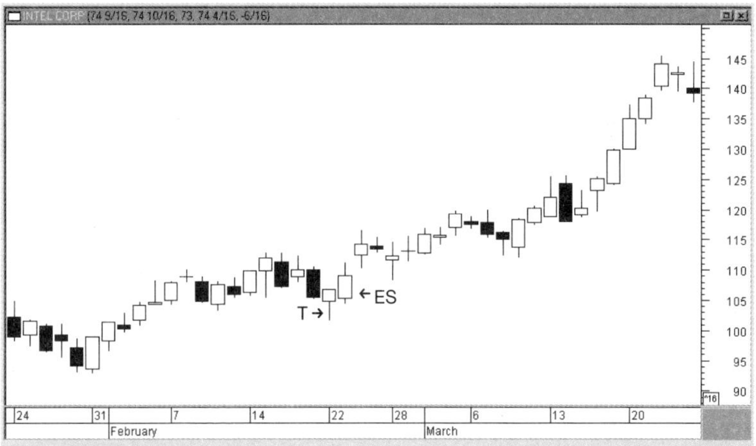


*Abbildung 2.2 Kerzenchart*

*Tageskursstrecke (T); Strecke zwischen Eröffnungs- und Schlusskurs (ES); helle Kerzen sind positiv, dunkle Kerzen sind negativ*

Dieser Kerzenchart von Intel *(Abbildung 2.2)* umfasst zwei Monate. Der Docht stellt die Kursspanne des Tages dar. Der Kerzenkörper ist die Strecke zwischen Eröffnung- und Schlusskurs. Helle Kerzen sind positiv (Schlusskurs höher als Eröffnung), dunkle Kerzen sind negativ (Eröffnung höher als Schlusskurs).

## Chartarten

Der gebräuchlichste von den technischen Analysten verwendete Chart ist der Balken-Tageschart *(siehe Abbildung 2.1)*. Jeder Balken umfasst einen Handelstag. Die japanischen Kerzencharts sind in den letzten Jahren sehr beliebt geworden *(siehe Abbildung 2.2)*. Kerzencharts werden auf die gleiche Art verwendet wie Balkencharts, aber sie liefern mehr Informationen über den jeweiligen Handelstag. Auch Liniencharts können verwendet werden *(siehe Abbildung 2.3)*. Im Linienchart werden einfach die aufeinander folgenden Schlusskurse miteinander verbunden; Liniencharts sind die einfachste Form der Chartdarstellung.

## Zeitrahmen

Alle der oben vorgestellten Chartarten können für jeden Zeitrahmen verwendet werden. Der Tageschart, der den beliebtesten Zeitrahmen darstellt, wird zur Untersuchung der Kurstendenz des letzten Jahres eingesetzt. Bei längerfristigen Zeitrahmen umfasst die Trendanalyse die letzten fünf oder zehn Jahre, und dafür können Wochen- oder Monatscharts verwendet werden. Für kurzfristiges Trading (oder Daytrading) sind Intraday-Charts am gebräuchlichsten. Intraday-Charts können sich auf Zeitrahmen von 1 Minute, 5 Minuten oder 15 Minuten beziehen.

*Abbildung 2.3 Linienchart*

Linienchart von Intel *(Abbildung 2.3)* für ein ganzes Jahr. Ein Linienchart, bei dem die Schlusskurse miteinander verbunden werden, stellt die einfachste Chartart dar.

simplified

# 3 Wie stellt man einen Balken-Tageschart dar?

Die Darstellung der Kurse ist eine ganz einfache Sache. Die senkrechte Achse (an der Seite des Charts) zeigt die Kursskala, während die waagrechte Achse (am unteren Ende des Charts) die Zeitskala erfasst. Der erste Schritt zur Kursdarstellung eines beliebigen Tages besteht darin, dass man den entsprechenden Kalendertag ausfindig macht. Dies ist ganz einfach, denn man braucht lediglich die Daten am unteren Ende des Charts zu betrachten. Nun wird der Hoch-, Tief- und Schlusskurs (Abrechnungskurs) des Marktes eingetragen. Ein senkrechter Strich verbindet das Hoch und das Tief (Kursstrecke) miteinander. Der Schlusskurs wird durch ein kleines Häkchen an der rechten Seite des Strichs gekennzeichnet. Der Eröffnungskurs wird durch ein kleines Häkchen an der linken Seite des Strichs angegeben. Der Kursbalken jedes weiteren Tages verschiebt sich um einen Schritt nach rechts. Das Volumen wird im unteren Chartbereich durch senkrechte Striche angegeben *(siehe Abbildung 3.1)*

## Charts werden in erster Linie zur Trendbeobachtung eingesetzt

Zwei grundlegende Aussagen der Chartanalyse besagen, dass Märkte tendieren und dass Trends die Tendenz zeigen, sich fortzusetzen. Die

Trendanalyse ist es, um die es bei der Chartanalyse geht. Trends lassen sich durch eine Folge von Hoch- und Tiefständen beschreiben. Ein Aufwärtstrend besteht aus einer Reihe von ansteigenden Hochs und Tiefs. Ein Abwärtstrend besteht aus einer Reihe von absteigenden Hochs und Tiefs. Trends werden gewöhnlich in drei Kategorien eingeteilt: in starke, mittlere und schwache Trends. Ein starker Trend dauert über ein Jahr an. Ein mittlerer Trend umfasst einen bis drei Monate. Ein schwacher Trend dauert normalerweise ein paar Wochen oder weniger.

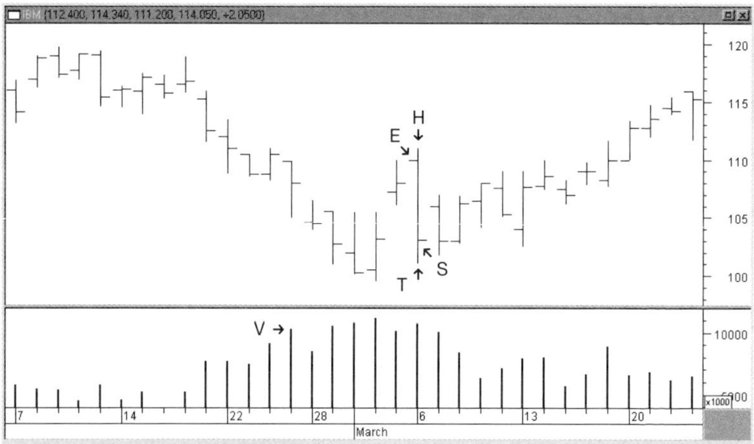


*Abbildung 3.1 Der Aufbau eines Balken-Tagescharts*

*Eröffnung (E), Hoch (H), Tief (T), Schlusskurs (S), Volumen (V)*

Der Aufbau eines Balken-Tagescharts ist einfach *(Abbildung 3.1)*. Der senkrechte Balken oder Strich bezeichnet die Tageskursstrecke vom Hoch bis zum Tief. Das Häkchen auf der linken Seite ist der Eröffnungskurs; das Häkchen auf der rechten Seite ist der Schlusskurs. Das Volumen wird durch senkrechte Striche oder Balken im unteren Teil des Charts angezeigt.

simplified

# 4 Unterstützung und Widerstand, Trendlinien und -kanäle

Es gibt zwei Begriffe, die Hoch- und Tiefstände auf dem Chart definieren. Das letzte Tief bildet im Allgemeinen eine Unterstützungsebene. Die Unterstützung bezeichnet eine Ebene unterhalb des aktuellen Kurses, wo der Kaufdruck stärker ist als der Verkaufsdruck und ein Kursrückgang zum Stillstand gekommen ist. Der Widerstand entsteht durch das letzte Hoch. Der Widerstand bezeichnet eine Ebene oberhalb des aktuellen Kurses, wo der Verkaufsdruck stärker ist als der Kaufdruck und eine Rallye zum Stillstand kam *(siehe Abbildung 4.1)*.

Zwischen Unterstützung und Widerstand findet ein Rollentausch statt, wenn sich ein entscheidender Ausbruch vollzieht. Das bedeutet, dass eine durchbrochene Unterstützungsebene unterhalb des aktuellen Kurses zum Widerstand oberhalb des aktuellen Kurses wird. Eine durchbrochene Widerstandsebene oberhalb des aktuellen Kurses fungiert als Unterstützung unterhalb des aktuellen Kurses. Je länger es zurückliegt, dass sich eine Unterstützung oder ein Widerstand entwickelt hat, desto größer ist die Kraft, die sich auf die darauf folgende Markttätigkeit auswirkt. Das ist darauf zurückzuführen, dass viele der Trades, die zur Ausbildung dieser Unterstützungs- und Widerstandsebene beigetragen haben, noch nicht liquidiert worden sind. Daher ist es wahrscheinlich, dass sie einen Einfluss auf zukünftige Tradingentscheidungen ausüben *(siehe Abbildung 4.2)*.

*Abbildung 4.1 Widerstand (W) und Unterstützung (U)*

*Widerstand (W) und Unterstützung (U)*

Ein Aufwärtstrend *(Abbildung 4.1)* ist durch ansteigende Hochs und Tiefs gekennzeichnet. Jedes Hoch nennt man Widerstand; jedes Tief nennt man Unterstützung. Ein Aufwärtstrend setzt sich fort, wenn ein Widerstandshoch überschritten wird.

*Abbildung 4.2 Rollentausch*

*Vorherige Widerstandsebene (VW) ... wird zur neuen Unterstützungsebene (U)*

Beispiel für einen Rollentausch *(Abbildung 4.2)*: Eine durchbrochene Widerstandsebene wird zur neuen Unterstützungsebene. In einem Abwärtstrend wird eine durchbrochene Unterstützungsebene zum Widerstand.

Die Trendlinie ist vielleicht das einfachste und effektivste Hilfsmittel, das dem Chartanalytiker zur Verfügung steht. Eine Aufwärtstrendlinie ist eine gerade Linie, die von links nach rechts ansteigt und aufeinander folgende ansteigende Tiefs miteinander verbindet. Die Linie wird so eingezeichnet, dass sich die gesamte Kurstätigkeit oberhalb der Trendlinie vollzieht.

Eine Abwärtstrendlinie ist eine gerade Linie, die von links nach rechts absteigt und aufeinander folgende absteigende Hochs miteinander verbindet. Die Linie wird so eingezeichnet, dass sich das gesamte Kursgeschehen unterhalb der Trendlinie vollzieht.

Eine Aufwärtstrendlinie wird beispielsweise eingezeichnet, wenn mindestens zwei ansteigende Korrekturtiefs erkennbar sind. Während es zweier Punkte bedarf, um eine Trendlinie zu zeichnen, wird ein dritter Punkt erforderlich, um die Linie als gültige Trendlinie zu bezeichnen. Wenn die Kurse in einem Aufwärtstrend eine Korrektur vollziehen, die zur Trendlinie zurückführt, wird durch einen dritten Kursanstieg eine gültige Aufwärtstrendlinie bestätigt *(siehe Abbildung 4.3)*.

Trendlinien haben zwei Hauptaufgaben: Sie lassen Unterstützungs- und Widerstandsebenen erkennen, die während einer Trendphase des Marktes verwendet werden können, um neue Positionen zu eröffnen. Merken Sie sich folgende Regel: Je länger eine Trendlinie in Kraft ist und je öfter sie getestet worden ist, desto bedeutsamer wird sie. Die Verletzung einer Trendlinie ist oft die beste Warnung vor einem bevorstehenden Trendwechsel.

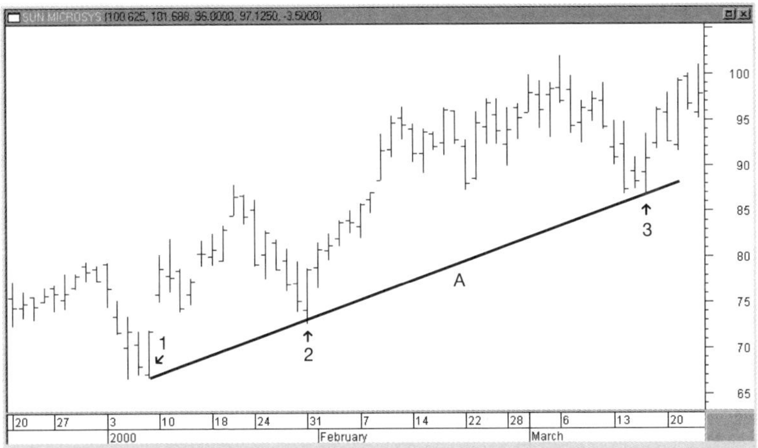


*Abbildung 4.3 Ansteigende Trendlinie*

*Aufwärtstrendlinien werden unter ansteigenden Tiefs eingezeichnet (A)*

Beispiel für eine ansteigende Trendlinie *(Abbildung 4.3)*. Aufwärtstrendlinien werden unter ansteigende Tiefs eingezeichnet. Eine begründete Trendlinie sollte dreimal berührt werden, wie es in der Darstellung gezeigt wird.

**Kanallinien** sind gerade Linien, die parallel zu den grundlegenden Trendlinien verlaufen. Eine ansteigende Kanallinie wird oberhalb des aktuellen Kursniveaus und parallel zur grundlegenden Trendlinie (die sich unterhalb des aktuellen Kursniveaus befindet) eingetragen. Eine absteigende Kanallinie wird unterhalb des aktuellen Kursniveaus und parallel zur grundlegenden Abwärtstrendlinie (die sich oberhalb des aktuellen Kursniveaus befindet) eingezeichnet. Die Märkte tendieren oft innerhalb dieser Kanäle. Wenn das der Fall ist, kann sich der Chartanalytiker dieses Wissen zunutze machen, weil er bereits weiß, wo sich wahrscheinlich Unterstützung und Widerstand befinden *(siehe Abbildung 4.4)*.

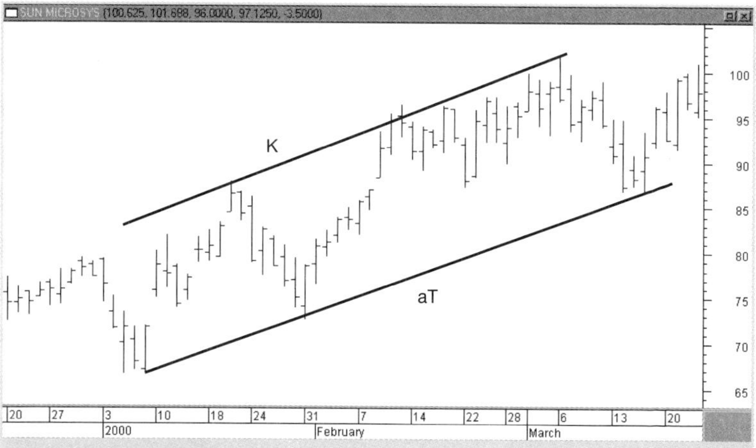


*Abbildung 4.4 Kanallinien (K)*

*Kanallinie; ansteigende Trendlinie (aT)*

Beispiel für eine Kanallinie *(Abbildlung 4.4)*. Während eines Aufwärtstrends werden häufig neue Verkäufe an der oberen Kanallinie stattfinden, die parallel zur ansteigenden Trendlinie verläuft.

simplified

# 5 Umkehr- und Fortsetzungsformationen

Eine der nützlichsten Eigenschaften der Chartanalyse ist die Entstehung von Kursformationen, die unterschiedlichen Kategorien zugeordnet werden können und Prognosewert besitzen. Diese Formationen künden vom permanenten Kampf zwischen den Kräften von Angebot und Nachfrage, die sich in der Beziehung zwischen den verschiedenen Unterstützungs- und Widerstandsebenen zeigen und dem Chartleser die Möglichkeit geben, abzuschätzen, welche der beiden Seiten der Gewinner ist. Kursformationen lassen sich in zwei Gruppen unterteilen: Umkehr- und Fortsetzungsformationen. Umkehrformationen weisen im Allgemeinen darauf hin, dass eine Trendumkehr bevorsteht. Fortsetzungsformationen deuten normalerweise auf vorübergehende Pausen im vorherrschenden Trend hin. Fortsetzungsformationen benötigen weniger Zeit, bis sie sich ausgebildet haben, als es für Umkehrformationen der Fall ist, und normalerweise führen sie zur Fortsetzung des ursprünglichen Trends.

## Umkehrformationen

### Kopf-Schulter-Formationen

Die **Kopf-Schulter-Formation** ist die bekannteste und vielleicht auch zuverlässigste aller Umkehrformationen. Ein Kopf-Schulter-Top wird durch drei markante Hochs gekennzeichnet. Das mittlere Hoch, das

*Abbildung 5.1 Kopf-Schulter-Formation; Beispiel eines Kopf-Schulter-Bodens auf dem Tageschart von America Online (AOL)*

*Nackenlinie (NL); linke Schulter (liS); rechte Schulter (reS); Kopf (K)*

Kopf genannt wird, ist höher als die zwei beiderseitigen Hochs (die Schultern). Eine Trendlinie (Nackenlinie) verbindet die beiden Schultern miteinander. Wenn der Markt unter der Nackenlinie schließt, ist die Formation vollendet und weist auf einen bedeutenden Trendwechsel hin *(siehe Abbildung 5.1)*.

Die Gewinnziele oder Kursziele werden bestimmt, indem man die Formation ausmisst. Die Messtechnik einer Top-Formation besteht darin, dass man die senkrechte Entfernung zwischen dem Hoch des Kopfes und der Nackenlinie misst und diese Entfernung dann ab dem Ausbruchspunkt aus der Nackenlinie nach unten projiziert. Beim Kopf-Schulter-Boden verfährt man ebenso, projiziert aber die Strecke zwischen dem Tief des Kopfes und der Nackenlinie nach oben.

## Doppel- und Dreifach-Tops und Doppel- und Dreifach-Boden

Diese Formationen sind Abwandlungen der Kopf-Schulter-Formationen. Der einzige Unterschied besteht darin, dass sich die drei Hochs oder Tiefs des Dreifach-Tops oder –Bodens ungefähr auf gleichem Kursniveau befinden. Auch die Interpretation von Kopf-Schulter-Formationen und **Dreifach-Tops** oder **-Boden** sind annähernd gleich und besagen im Wesentlichen auch das Gleiche.

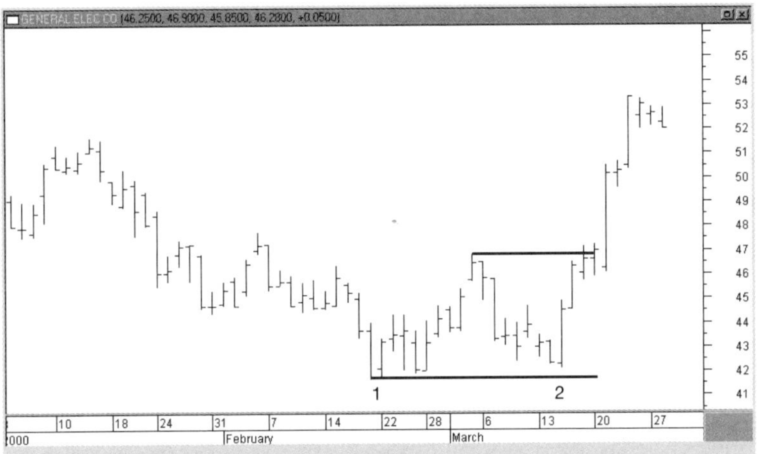


*Abbildung 5.2 Doppel-Boden; Beispiel eines Doppel-Boden auf dem Tageschart von General Electric (GE)*

**Doppel-Tops** und **Doppel-Bottoms** (wegen ihres Aussehens auch M- und W-Formationen genannt) zeigen statt drei nur zwei markante Hochs oder Tiefs. Ein Doppel-Top wird durch zwei markante Hochs gekennzeichnet. Da das zweite Hoch nicht in der Lage ist, das erste Hoch zu überschreiten, gilt dies als Zeichen der Schwäche. Wenn sich dann ein Kursrückgang einstellt, bei dem das mittlere Tief unterschritten wird, ist die der Doppel-Top vollendet. Die Messtechnik beim Doppel-Top beruht auch auf dem Höhenausmaß der Formation. Das Höhenausmaß der Formation wird gemessen und vom Ausbruchspunkt durch das Tief nach unten projiziert. Beim Doppel-Boden verhält es sich spiegelbildlich *(siehe Abbildung 5.2 und 5.3)*.

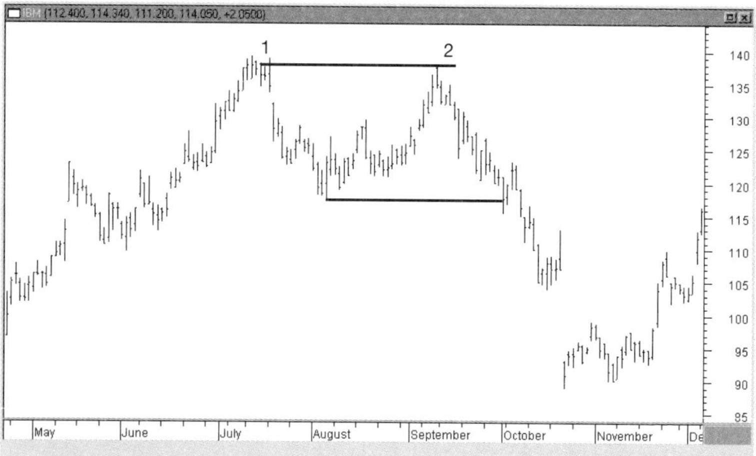


*Abbildung 5.3. Doppel-Top (Umkehrformation)*

*Auf dem Chart kann man die beiden markanten Hochs von IBM sehen, die eine Top-Umkehrformation bilden.*

## Untertassen und Spikes

Diese beiden Formationen sind nicht so gebräuchlich, verdienen aber dennoch Beachtung. Der Spike-Top (auch V-Umkehrformation genannt) weist auf einen plötzlichen Trendwechsel hin. Was den Spike von anderen Umkehrformationen unterscheidet, ist, dass keine Übergangsphase in Form einer Seitwärtsbewegung stattfindet, aus der sich die Top- oder Boden-Formation entwickelt. Die Spike-Formation bezeichnet einen extremen Trendwechsel, dem meist keine Warnung vorausgeht *(siehe Abbildung 5.4)*.

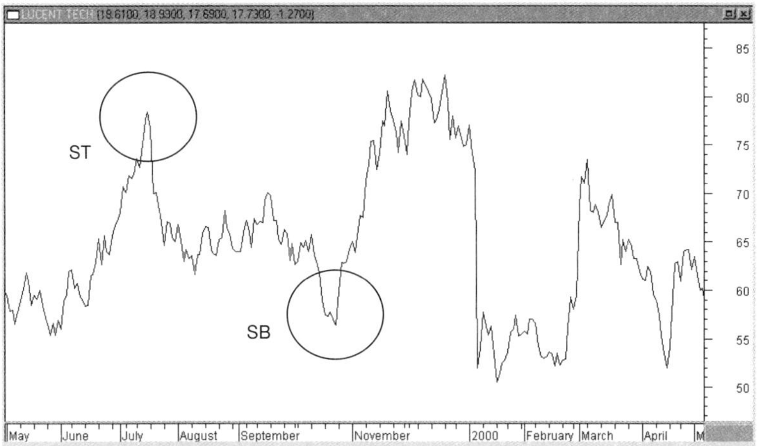


*Abbildung 5.4. Spike-Top und Spike-Boden*

*Spike-Top (ST); Spike-Boden (SB)*

Zwei Beispiele für einen Richtungswechsel bei einer Aktie, dem kaum eine Warnung vorausgeht *(siehe Abbildung 5.4).*

Im Gegensatz dazu beinhaltet die **Untertasse** einen außergewöhnlich langsamen Trendwechsel. Sie tritt häufiger als Boden-Formation auf und stellt eine langsame und allmähliche Trendveränderung von einem Abwärts- zu einem Aufwärtstrend dar. Diese Formation gleicht einer Untertasse oder einem runden Boden, und deshalb wird sie als solche bezeichnet *(siehe Abbildung 5.5).*

Untertassen-Boden beinhalten meist einen langsamen und allmählichen Übergang und sehen wie Untertassen aus. Der Untertassen-Boden bei der Aktie Advanced Micro Devices (AMD) hat fast ein Jahr benötigt, bis er sich gebildet hatte *(siehe Abbildung 5.5)*.

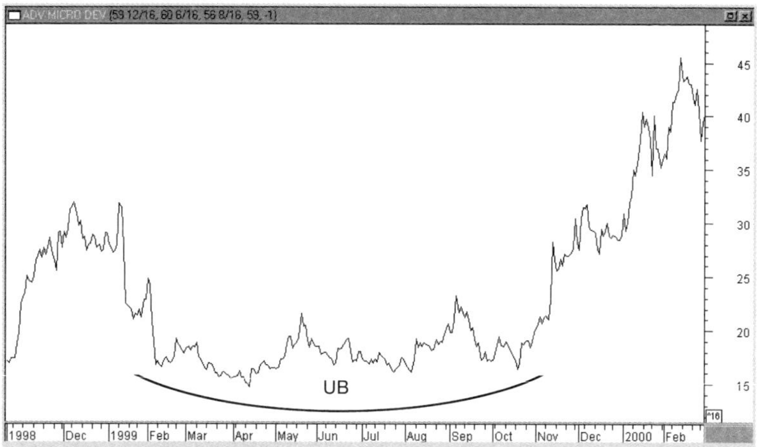


*Abbildung 5.5 Untertassen-Boden*

*Untertassen-Boden (UB)*

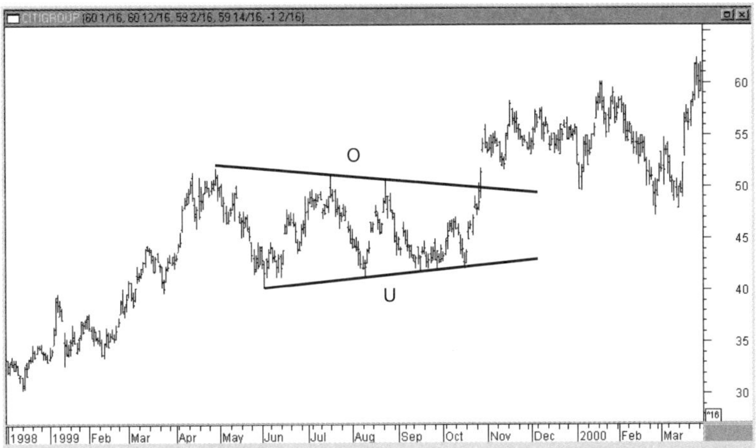


*Abbildung 5.6 Symmetrisches Dreieck*

*nach unten geneigte obere Linie (O); nach oben geneigte untere Linie (U)*

Beispiel für ein symmetrisches Dreieck, das sich 1999 in der Aktie Citigroup entwickelt hatte. Die beiden Linien nähern sich einander an, wobei die obere Linie nach unten und die untere Linie nach oben gerichtet ist. Da es sich hierbei um eine Fortsetzungsformation handelt, ist es wahrscheinlicher, dass der bullische Trend wieder aufgenommen wird *(siehe Abbildung 5.6)*.

# Fortsetzungsformationen

## Dreiecke

Während die Umkehrformationen bevorstehende Trendwechsel ankündigen, weisen die Fortsetzungsformationen (auch Trendbestätigungsformationen genannt) im Allgemeinen in die Richtung des ursprünglichen Trends. Dreiecke gehören zu den zuverlässigsten Fortsetzungsformationen. Es gibt drei Arten von Dreiecken, die Prognosewert besitzen: symmetrische, steigende und fallende Dreiecke. Obgleich diese Formationen mitunter auch Trendwechsel signalisieren, stellen sie üblicherweise eine Unterbrechung des Haupttrends dar.

Das **symmetrische Dreieck** weist eine Konsolidierung zwischen zwei symmetrisch aufeinander zulaufenden Trendlinien auf. Dabei ist die obere Trendlinie nach unten und die untere Trendlinie nach oben geneigt. Idealerweise sollten sich die beiden Trendlinien im annähernd gleichen Winkel neigen, allerdings wird dieses Kriterium in der Praxis meist nicht erfüllt. Diese Formation bezieht sich auf eine Situation, in der sich Kauf- und Verkaufsdruck im Gleichgewicht befinden. Der Ausbruch sollte irgendwo zwischen der Hälfte und ¾ des Dreiecks stattfinden, wobei die Zeit gemessen wird von der linken Seite der Formation bis zum Punkt, an dem sich die Linien an der Dreiecksspitze treffen. In anderen Worten: Die Kurse werden also über oder unter einer der beiden Trendlinien schließen *(siehe Abbildung 5.6)*.

Beim **steigenden Dreieck** verläuft die obere Trendlinie horizontal, und die untere Trendlinie ist nach oben geneigt. Da dies darauf hindeutet, dass die Käufer aggressiver vorgehen als die Verkäufer, handelt es sich im Allgemeinen um eine bullische Formation *(siehe Abbildung 5.7)*.

Beim **fallenden Dreieck** verläuft die untere Trendlinie horizontal, und die obere Trendlinie ist nach unten geneigt. Da dies darauf hinweist, dass die Verkäufer aggressiver vorgehen als die Käufer, handelt es sich im Allgemeinen um eine bearische Formation.

Die Messtechnik ist für alle drei Varianten gleich: Man misst auf der linken Seite vom höchsten Punkt des Dreiecks aus, an dem der Abstand zwischen den beiden Trendlinien am größten ist und misst die senkrechte Strecke vom Punkt aus, an dem eine der beiden Trendlinien durchbrochen wird.

Während für gewöhnlich dem symmetrischen Dreieck eine Fortsetzung des vorherrschenden Trends folgt, weisen aufsteigende und absteigende Dreiecke auf einen Trend in Richtung des Neigungswinkels hin. Als Trendfortsetzungsformation besitzt also das symmetrische Dreieck Prognosewert, da es die Wiederaufnahme des vorherigen Trends beinhaltet.

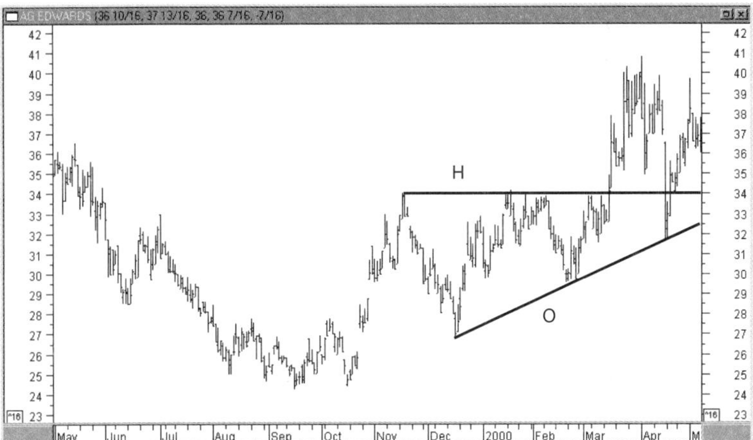


*Abbildung 5.7 Aufsteigendes Dreieck*

*Horizontale obere Linie (H); nach oben geneigte untere Linie (O)*

Beispiel eines aufsteigenden Dreiecks. Die obere Linie verläuft horizontal, während die untere Linie nach oben geneigt ist. Dies ist im Allgemeinen eine bullische Formation; sie ist vollendet wenn die Kurse über der oberen Linie schließen *(siehe Abbildung 5.7)*.

## Flaggen und Wimpel

Diese beiden kurzfristigen Fortsetzungsformationen bezeichnen kurze Konsolidierungsphasen innerhalb eines Trends. Beiden Formationen geht im Allgemeinen ein steiler Trend voraus. Bei einem Aufwärtstrend legt der Markt eine Verschnaufpause ein und mündet dann für zwei oder drei Wochen in eine Seitwärtsbewegung ein. Daraufhin wird der vorherrschende Aufwärtstrend wieder aufgenommen. Die Bezeichnung gibt sehr passend die Erscheinungsform der Formation wieder. Der Wimpel verläuft normalerweise horizontal und weist zwei aufeinander zulaufende Trendlinien auf (einem kleinen symmetrischen Dreieck vergleichbar).

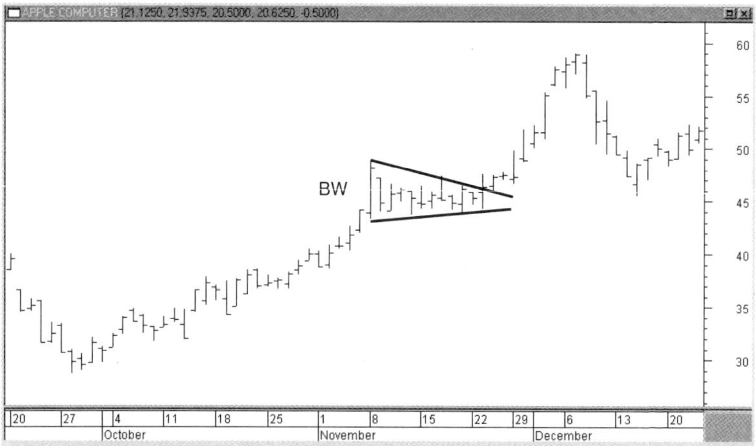


*Abbildung 5.8 Wimpel*

*Bullischer Wimpel (BW)*

Beispiel eines Wimpels, der sich während des Kursanstiegs der Aktie Apple Computer im November 1999 entwickelte *(Abbildung 5.8)*. Der Wimpel sieht wie ein kleines symmetrisches Dreieck aus, aber er dauert in der Regel nicht länger als zwei oder drei Wochen. Die Verletzung der oberen Linie weist auf die Wiederaufnahme des Aufwärtstrends hin.

Die Flagge gleicht einem Parallelogramm, dessen Begrenzungslinien entgegen der Trendbewegung verlaufen. Daher ist eine Bullen-Flagge in einem Aufwärtstrend nach unten geneigt. Eine Bären-Flagge ist in einem Abwärtstrend nach oben geneigt. Beide Formationen erscheinen häufig im mittleren Trendbereich und markieren damit die halbe Strecke einer Kursbewegung *(siehe Abbildung 5.8 und 5.9)*.

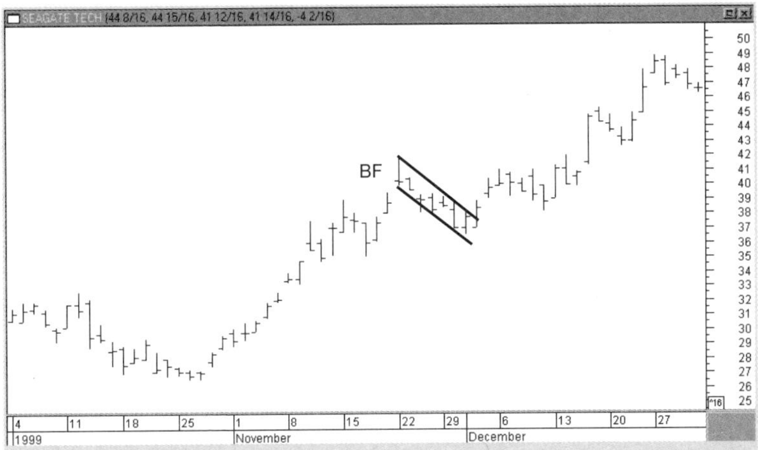


*Abbildung 5.9 Flagge*

*Bullen-Flagge (BF)*

Beispiel einer bullischen Flagge, die sich im November 1999 etwa in der Mitte der Rallye der Aktie Seagate Technology (SEG) entwickelt hat. Bullen-Flaggen sind kurzlebige Formationen, die entgegen der Richtung des Haupttrends verlaufen. Der Aufwärtstrend wird im Allgemeinen wieder aufgenommen, wenn die obere Linie durchbrochen wurde. *(siehe Abbildung 5.9.)*

Außer den Kursformationen gibt es auch mehrere andere Formationen, die auf dem Chart zu sehen sind und die den Chartanalytiker mit wertvollen Informationen bedienen. Zu diesen besagten Formationen gehören Kurslücken, Umkehrtage und Retracements.

simplified

# 6 Kurslücken

Kurslücken sind einfach Stellen auf dem Balkenchart, an denen kein Handel stattgefunden hat. Eine Aufwärtskurslücke tritt ein, wenn das Tief eines Tages höher ist als das Hoch des vorherigen Tages. Eine Abwärtskurslücke bedeutet, dass das Hoch eines Tages niedriger ist als das Tief des vorherigen Tages. Es gibt verschiedene Arten von Kurslücken, die in unterschiedlichen Phasen eines Trends auftreten. Diese voneinander unterscheiden zu können, trägt zum Verständnis des Marktes bei, das gewinnbringend umgesetzt werden kann. Es gibt drei Arten von Kurslücken, die Prognosewert besitzen: Ausbruchslücken, Fortsetzungslücken und Erschöpfungslücken *(siehe Abbildung 6.1)*.

Eine **Ausbruchslücke** kommt für gewöhnlich dann zustande, wenn eine wichtige Kursformation vollendet wird und weist auf eine bedeutsame Kursbewegung hin. Ein Ausbruch aus einem Kopf-Schulter-Boden ist häufig mit einer Ausbruchskurslücke verbunden.

Eine **Fortsetzungslücke** trifft man im Allgemeinen etwa in der Mitte eines Trends an, und daher weist sie darauf hin, wie lange die Kursbewegung voraussichtlich noch andauern könnte. Während eines Aufwärtstrends bieten Ausbruchs- und Fortsetzungslücken im Allgemeinen unterhalb der aktuellen Kursbewegung eine Unterstützung bei darauf folgenden Kurskorrekturen. Während eines Abwärtstrends fungieren diese beiden Arten von Kurslücken oberhalb der aktuellen Kursbewegung als Widerstand bei darauf folgenden Kurserholungen.

Die **Erschöpfungslücke** erscheint ganz am Ende einer Kursbewegung und stellt die letzte Kurslücke im Trend dar. Mitunter folgt einer Erschöpfungskurslücke innerhalb weniger Tage eine Ausbruchskurslücke in die andere Richtung, und dabei entsteht eine isolierte Formation, die man Inselumkehr nennt. Die Inselumkehr weist auf eine bedeutende Trendwende hin.

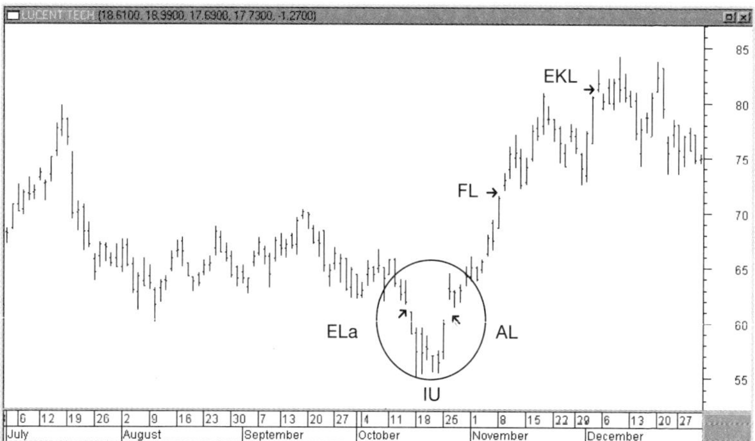


*Abbildung 6.1 Kurslücken*

*Exhaustion gap = Erschöpfungskurslücke (EKL); Measuring or halfway gap = Fortsetzungslücke (FL); Downside exhaustion gap = Erschöpfungslücke im Abwärtstrend (ELa); Upside breakaway gap = Aufwärtsausbruchslücke (AL); Island Reversal Bottom = Insel-Umkehrboden (IU)*

Beispiele für **Kurslücken**: Die beiden Kurslücken am Kursboden bildeten im Oktober 1999 in der Aktie Lucent eine Insel-Umkehrformation. Es hat sich auch eine Fortsetzungslücke entwickelt, die sich ungefähr in der Mitte des Trends befindet. Eine Erschöpfungskurslücke fand kurz vor dem Höchstkurs statt *(siehe Abbildung 6.1)*.

simplified

# 7 Der Hauptumkehrtag

Der Hauptumkehrtag stellt eine weitere Kursformation dar, die allerdings gegenüber den bisher besprochenen Formationen eine nachgeordnete Bedeutung hat. Diese Formation weist häufig auf einen bevorstehenden Trendwechsel hin. In einem Aufwärtstrend eröffnet der Markt in der Nähe des Tageshochs und schließt im Kursbereich des Tagestiefs (Schlusskurs unter der Eröffnung). Bei einem Abwärtstrend eröffnet der Markt im Bereich des Tagestiefs und schließt im Bereich des Tageshochs (Schlusskurs über der Eröffnung).

Je größer die Tageskursspanne und je höher das Volumen ist, desto bedeutsamer ist das Signal und desto größere Beachtung verdient es. Außen-Umkehrtagen (ein »Outside«- oder Außen-Tag zeigt ein tieferes Tief und ein höheres Hoch als am Vortag) wird eine stärkere Signalwirkung zugesprochen. Wie bereits erwähnt, stellt der Hauptumkehrtag eine Formation von relativ geringer Bedeutung dar, aber wenn er im Zusammenhang mit anderen Faktoren auftritt, die darauf hinweisen, dass ein bedeutsamer Trendwechsel bevorsteht, kommt ihnen durchaus große Bedeutung zu *(siehe Abbildung 7.1)*.

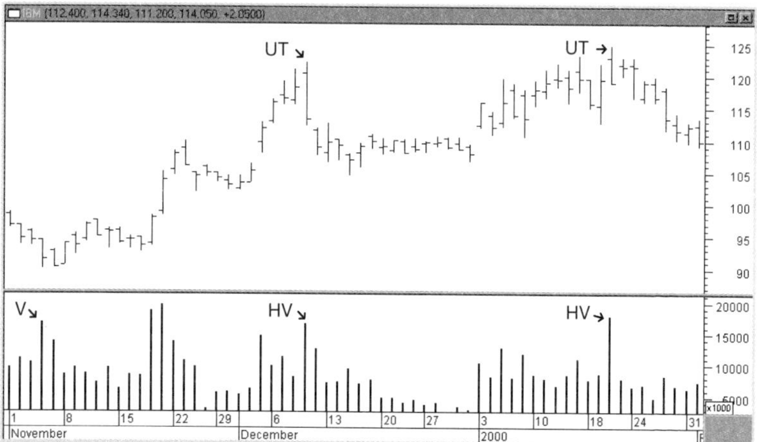


*Abbildung 7.1 Hauptumkehrtage*

*Oben: Umkehrtag mit Schlusskurs unter Eröffnung (UT); Unten: Volumen (V), hohes Volumen (HV)*

Beispiele für Hauptumkehrtage. Die beiden Umkehrtage sind dadurch gekennzeichnet, dass der Schlusskurs jeweils unter der Eröffnung liegt, was mit hohem Volumen einhergeht. Je größer die Kursspanne, desto bedeutender ist das Umkehrsignal *(siehe Abbildung 7.1)*.

simplified

# 8 Prozent-Retracement

Trends verlaufen nur höchst selten in geraden Linien. Die meisten Trends weisen ein **Zick-Zack-Muster** auf, da mehrere Korrekturen des vorherrschenden Trends stattfinden. Das **Prozent-Retracement** ist eine Technik, die den Prozentsatz misst, den die Kurse nach dem Hoch zum folgenden Tief einbrechen und bestimmt somit das Korrekturpotenzial nach vorangegangenen Kursbewegungen. Das bekannteste Beispiel ist das 50-Prozent-Retracement. Dies bedeutet, dass eine Gegenbewegung zum vorherrschenden Trend häufig etwa 50 Prozent des vorherigen Trends ausmacht, bevor der primäre Trend wieder aufgenommen wird. Bei Abwärtstrends finden oft Kurserholungen statt, bei denen sich der Markt um ungefähr 50 Prozent der Kursstrecke des Haupttrends in die Gegenrichtung bewegt.

Als minimales Retracement wird im Allgemeinen ein Kursrücklauf von etwa einem Drittel betrachtet, während zwei Drittel als maximales Retracement gelten, das noch zulässig ist, bevor der ursprüngliche Trend wieder aufgenommen wird. Ein Retracement, das mehr als zwei Drittel Rücklauf beinhaltet, warnt normalerweise vor einem bevorstehenden Trendwechsel. Chartanalytiker beachten auch Rückläufe von 38 % und 62 %, die man Fibonacci-Retracements nennt.

# 9 Die Interpretation des Volumens

Chartanalytiker verwenden für ihre Marktanalyse einen zweidimensionalen Ansatz: Sie untersuchen den Kurs und das Volumen. Dabei kommt dem Kurs die größere Bedeutung zu. Aber auch wenn das Volumen lediglich sekundäre Bedeutung hat, bietet es eine Bestätigung des Kursgeschehens, das auf dem Chart zu beobachten ist und weist häufig im Voraus darauf hin, wenn ein Trendwechsel bevorsteht *(siehe Abbildung 9.1)*.

Das Volumen bezieht sich auf die während des jeweiligen Zeitraums (der normalerweise einen Tag umfasst) gehandelten Einheiten. Dabei handelt es sich um die Anzahl der täglich in den Aktienmärkten gehandelten Aktien. Für eine umfassendere Analyse kann auch das Volumen pro Woche herangezogen werden.

Im Zusammenhang mit dem Kursgeschehen gibt das Volumen Auskunft über die Stärke oder Schwäche des gegenwärtigen Trends. Das Volumen erfasst den Druck, der einer Kursbewegung zugrunde liegt.

Sie können sich an folgenden Richtlinien orientieren: Starkes Volumen (erkennbar durch längere vertikale Balken im Volumenteil unter dem Chart) sollte auftreten, während der Markt die Richtung des vorherrschenden Trends einnimmt. Während eines Aufwärtstrends sollte ein höheres Volumen beim Kursanstieg und geringes Volumen (kleinere Volumenbalken) im Verlauf von Kurskorrekturen, die entgegen der

Trendrichtung auftreten, feststellbar sein. Bei Abwärtstrends sollte höheres Volumen beim Kursrückgang und geringeres Volumen bei Kurserholungen, die entgegen der Trendrichtung auftreten, erkennbar sein.

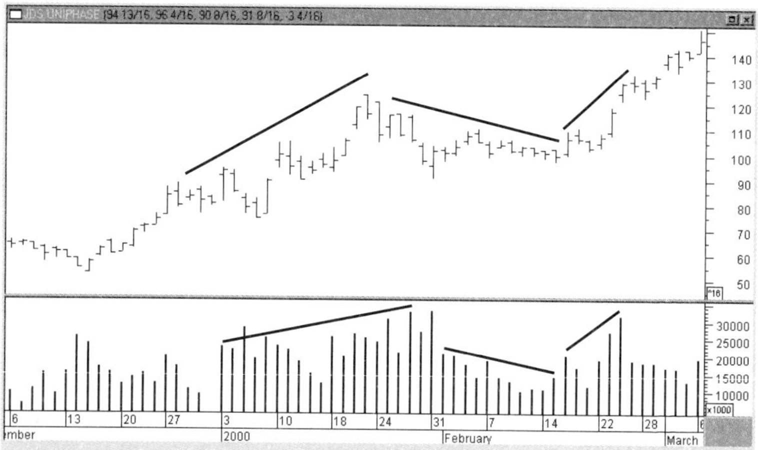


Abbildung 9.1 Kurs und Volumen

Beispiel einer Kurs- und Volumenbewegung während eines Aufwärtstrends, die im Einklang miteinander stattfinden. Der Kursanstieg im Januar 2000 war mit hohem Volumen verbunden. Die Kurskorrektur im Februar fand bei geringem Volumen statt. Die Wiederaufnahme des vorherrschenden Trends ging wieder mit hohem Volumen einher. So sollte es während eines Aufwärtstrends sein *(siehe Abbildung 9.1)*.

## Das Volumen ist ein wichtiger Bestandteil der Chartformationen

Das Volumen spielt eine große Rolle bei der Entwicklung und Auflösung von Chartformationen. Jede Chartformation, die bisher vorgestellt wurde, besitzt ihre speziellen Volumenmuster. Als Regel gilt: Während der Ausbildung einer Kursformation verringert sich das Volumen. Dem darauf folgenden Ausbruch, der die Chartformation auflöst, kommt zusätzliche Bedeutung zu, wenn der Kursausbruch mit höherem Volumen einhergeht. Höheres Volumen im Zusammenhang mit Ausbrüchen aus Trendlinien oder Unterstützungs- und Widerstandsebenen verleiht dem Kursgeschehen größere Bedeutung *(siehe Abbildung 9.1)*.

## On-Balance-Volume (OBV)

Den Chartanalysten stehen mehrere Indikatoren zur Verfügung, um das Handelsvolumen zu messen. Den einfachsten und wirkungsvollsten Indikator stellt das On-Balance-Volume (OBV) dar. Das OBV ist die Berechnung des kumulierten Gesamtvolumens (EV), das aufgrund einer Gegenüberstellung des Volumens bei Kursanstiegen gegenüber dem Volumen bei Kursrückgängen entsteht. Wenn der Markt höher als am Vortag schließt, wird das Tagesvolumen als positiv bezeichnet und zum Gesamtvolumen des Vortages hinzuaddiert, und wenn er unter dem Vortag schließt wird es als negativ bezeichnet und vom Gesamtvolumen des Vortages subtrahiert. So ergeben sich Auf- und Abwärtstrends des OBV. Wenn das OBV einen Aufwärtstrend entwickelt, sagt dies dem Trader, dass es mehr Volumen nach oben als nach unten gibt, was ein gutes Zeichen ist. Eine fallende OBV-Linie ist im Allgemeinen ein bearisches Zeichen.

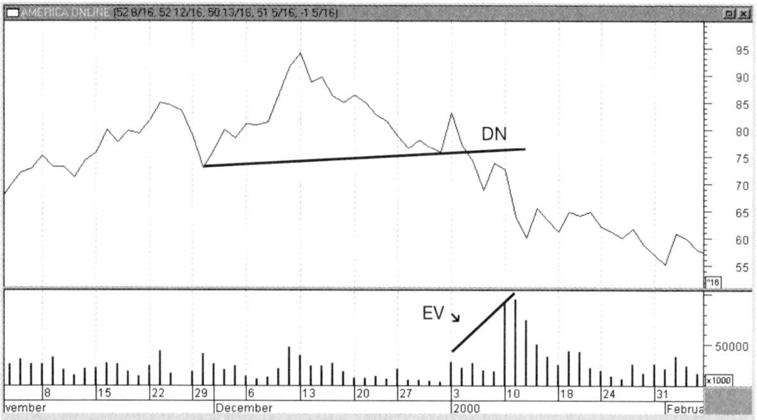


*Abbildung 9.2 Volumen in Verbindung mit einer Chartformation*

*Durchbrochene Nackenlinie (DN); erhöhtes Volumen, während ein Kursrückgang einsetzt (EV); Beispiel, in dem das Volumen zusammen mit einer Chartformation eingesetzt wird. Der Chart zeigt am Beispiel von AOL einen Ausbruch aus der Nackenlinie eines Kopf-Schulter-Top. Der Ausbruch aus der Nackenlinie fällt mit einer enormen Zunahme der Handelsaktivität zusammen, was in diesem Fall auf fallende Aktienkurse hinweist.*

## Die graphische Darstellung des On-Balance-Volume (OBV)

Üblicherweise wird das OBV unter dem Kurschart dargestellt. Man muss darauf achten, dass Kurs- und OBV-Linie in die gleiche Richtung tendieren. Wenn die Kurse steigen, die OBV-Linie hingegen flach verläuft, so ist wahrscheinlich nicht genügend Volumen vorhanden, um höhere Kurse zu unterstützen. In diesem Fall ist die Abweichung zwischen einem steigenden Kurs und einer flachen oder fallenden OBV-Linie ein Warnsignal *(siehe Abbildung 9.3)*.

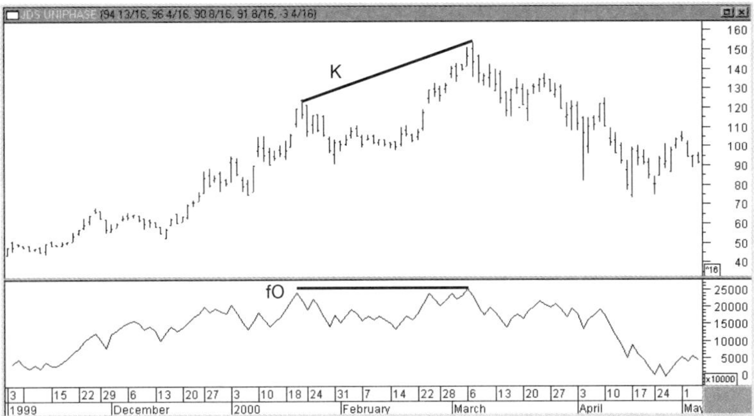


*Abbildung 9.3 Kurschart und OBV-Linie*

*Kursanstieg (K); flache OBV-Linie (fO);*
*Bei diesem Beispiel wird der Kursanstieg nicht durch die OBV-Linie bestätigt. Während die Aktie JDS Uniphase im März 2000 neue Höchstkurse erreichte, verlief die OBV-Linie flach. Das war eine frühzeitige Warnung für einen möglichen Höchststand der Aktie.*

## OBV-Ausbrüche

In Konsolidierungsphasen, wenn die Marktrichtung nicht erkennbar ist, wird die OBV-Linie mitunter zuerst ausbrechen und einen frühzeitigen Hinweis auf die zukünftige Kursrichtung geben. Wenn die OBV-Linie nach unten ausbricht, sollte der Trader aufmerksam werden und sich den jeweiligen Markt oder die Aktie genauer anschauen. Wenn der Markt ein tiefes Kursniveau erreicht hat, stellt ein Ausbruch des OBV nach oben mitunter einen Hinweis auf einen bevorstehenden Aufwärtstrend dar *(siehe Abbildung 9.4)*.

## Ein weiterer Volumen-Indikator

Es gibt viele andere Indikatoren, die den Trend des Volumens messen: beispielsweise Akkumulation-Distribution, Chaikin-Oszillator, Market Facilitation Index und Money Flow. Obwohl diese Indikatoren komplexere Berechnungen erfordern, haben sie doch alle das gleiche Ziel: Sie bestimmen, ob der Volumen-Trend den Kurstrend bestätigt oder von diesem abweicht.

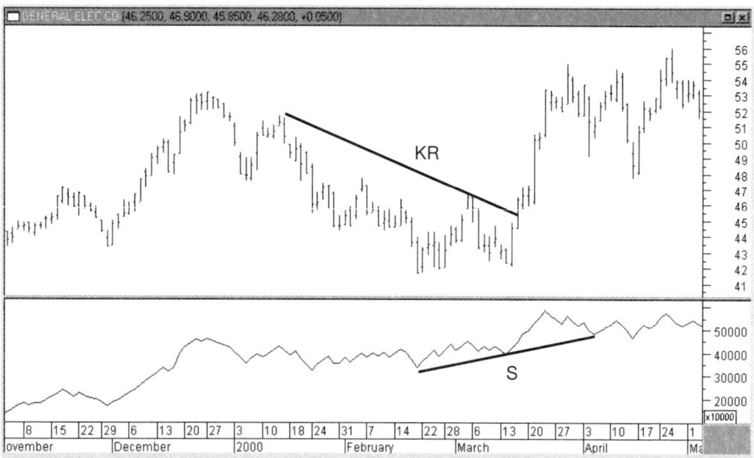


*Abbildung 9.4 On-Balance-Volume (OBV)*

*steigende OBV-Linie (S); Kursrückgang (KR);*
*Beispiel einer OBV-Linie, die eine bullische Warnung gibt. Während des Kursrückgangs der Aktie GE im ersten Quartal 2000 wies die steigende Linie des On-Balance-Volume auf eine Bodenbildung hin.*

simplified

# 10 Der Gebrauch unterschiedlicher Zeitrahmen für die kurz- und langfristige Orientierung

Die Chartanalyse ist nicht auf den Balken-Tageschart beschränkt. Wochen- und Monatscharts bieten einen wertvollen langfristigen historischen Überblick, den man durch die ausschließliche Verwendung von Tagescharts nicht bekommt. Der Balken-Tageschart umfasst für jeden Markt in der Regel 12 Monate der Kursgeschichte. Wochencharts zeigen die Daten von fast fünf Jahren, während Monatscharts über 20 Jahre zurückgehen *(siehe Abbildung 10.1)*.

Durch die Untersuchung dieser Charts kann der Chartanalytiker die langfristigen Trends besser erkennen und sehen, wo sich die Unterstützungs- und Widerstandsebenen befinden. Im Tageschart lässt sich das aktuellere Kursgeschehen besser erfassen. Wochen- und Monatscharts eignen sich recht gut für die Standard-Chartanalysen, die auf den vorherigen Seiten beschrieben wurden. Einige Marktbeobachter vertreten die Meinung, dass die Chartanalyse nur für die kurzfristige Analyse und das Timing nützlich ist, aber das ist einfach nicht wahr. Die Prinzipien der Chartanalyse können in jedem Zeitrahmen Anwendung finden.

## Die Verwendung von Intraday-Charts

Tages- und Wochencharts sind für die mittel- und langfristige Analyse geeignet. Für kurzfristiges Trading sind jedoch Intraday-Charts sehr wertvoll. Intraday-Charts zeigen in der Regel nur die Handelsaktivitäten von wenigen Tagen.

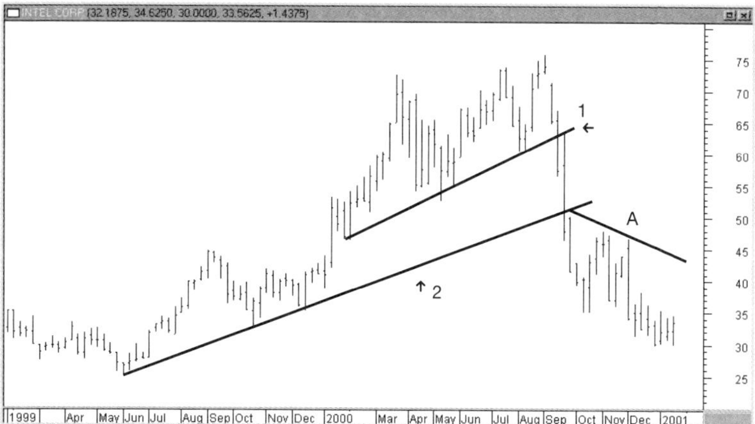


*Abbildung 10.1 Wochenchart*

*erste durchbrochene Trendlinie (1); zweite durchbrochene Trendlinie (2); Abwärtstrend (A)*

Hier wird die Wichtigkeit einer langfristigen Perspektive gezeigt, die der Wochenchart zur Verfügung stellt, der fast zwei Jahre zurückgeht. Der Dreifach-Top gibt den ersten Hinweis darauf, dass eine große Trendwende begonnen haben könnte. Diese Wende ist später auch bestätigt worden durch einen Bruch des Trends Anfang 2000, auf den ein zweiter Bruch des längerfristigen Aufwärtstrends folgte *(siehe Abbildung 10.1)*.

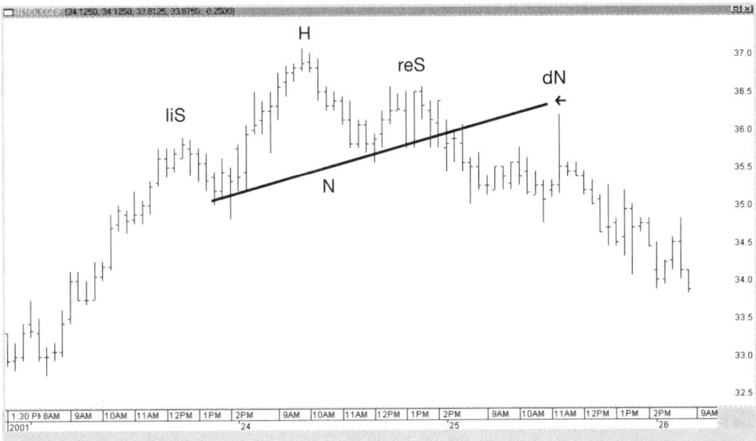


*Abbildung 10.2 Intraday-Chart*

*15-Minuten Barchart; head = Kopf (H); left shoulder = linke Schulter (liS); right shoulder = rechte Schulter (reS); Neckline = Nackenlinie (N); Broken neckline = durchbrochene Nackenlinie (dN)*

Ein 15-Minuten-Balkenchart zeigt beispielsweise nur drei oder vier Handelstage. Ein 1-Minuten-Chart zeigt lediglich einen bis zwei Handelstage und wird im Allgemeinen zum Daytrading verwendet. Erfreulicherweise können alle Chartprinzipien, die bisher beschrieben wurden, auch für Intraday-Charts eingesetzt werden *(siehe Abbildung 10.2)*. Dort sehen Sie ein Beispiel eines 15-Minuten-Charts, der nur vier Handelstage umfasst. Intraday-Charts, in denen sich alle Chartformationen entwickeln können, sind äußerst hilfreich für kurzfristig orientiertes Trading.

## Vom langfristigen zum kurzfristigen Zeitrahmen

Balken-Tagescharts sind für Timing und Analyse unverzichtbar, aber eine gründliche Chartanalyse sollte stets mit Monats- und Wochencharts beginnen und zwar in dieser Reihenfolge. Der Zweck dieses Ansatzes besteht darin, dem Analysten den langfristigen Überblick zu verschaffen, der als Ausgangspunkt unbedingt erforderlich ist. Nach dem Zeithorizont von 20 Jahren, den der Monatschart bietet, geht man zum Wochenchart über, der einen Rückblick von 5 Jahren ermöglicht. Erst danach sollte man sich mit dem Tageschart beschäftigen. Mit anderen Worten: Die richtige Herangehensweise beginnt mit dem fundierten Überblick, und anschließend nimmt man sich nacheinander die immer kürzeren Zeithorizonte vor. Für eine noch genauere Feinabstimmung kann man sich nach dem Tageschart mit der Untersuchung von Intraday-Charts beschäftigen.

simplified

# 11 Verwenden Sie einen differenzierten Ansatz

Der bisher vorgestellte Grundgedanke besteht darin, die Analyse zunächst auf allgemeine Informationen zu richten, um sich dadurch einen umfassenden Überblick zu verschaffen, um sich dann auf die Einzelheiten zu konzentrieren. Nun geht es um einen »differenzierteren« Ansatz, der zur Analyse des Aktienmarktes eingesetzt wird. Dieser Ansatz vollzieht sich in drei Schritten, um gewinnbringende Aktien ausfindig zu machen. Zuerst wird aufgrund einer allumfassenden Marktbetrachtung bestimmt, ob eine Aktie steigt oder fällt und ob der Zeitpunkt günstig für eine Anlage im jeweiligen Markt ist. Daraufhin findet eine detaillierte Suche in den verschiedenen Marktsegmenten und Branchen statt, um herauszufinden, welcher Bereich des Aktienmarktes den Eindruck der Stärke vermittelt. Schließlich sucht man aufgrund dieses Ansatzes nach Branchenführern in diesen Marktsektoren und Industriebranchen.

## Schritt 1: Die wichtigsten gleitenden Durchschnitte

Der erste Schritt des »differenzierteren« Ansatzes hat zum Ziel, den Trend des Gesamtmarktes zu identifizieren. Ein Bullenmarkt (steigende Kurse) wird als günstige Gelegenheit betrachtet, um Geld im Aktienmarkt anzulegen. Ein Bärenmarkt (fallende Kurse) erfordert mehr Vorsicht. Früher war es möglich, sich einen der gleitenden Durchschnitte anzuschauen, um den Trend eines Marktes einschätzen zu können. Das lag daran, dass die meisten der wichtigen Durchschnitte in die gleiche Richtung tendierten. Seit jüngster Zeit ist dies jedoch nicht mehr ohne Weiteres möglich. Aus diesem Grund ist es wichtig, dass man sich mit den wichtigsten gleitenden Durchschnitten auskennt und weiß, was die einzelnen Durchschnitte jeweils messen.

## Die einzelnen Durchschnitte messen nicht das Gleiche

Die Aktienindizes, die Aktien großer Unternehmen (so genannte Blue Chips) beinhalten wie beispielsweise der Dow Jones Industrial Average, der NYSE Composite Index und der S&P 500 Index, bieten im Allgemeinen den zuverlässigsten Hinweis auf den vorherrschenden Trend. Im Gegensatz dazu sind beim Nasdaq Composite Index die Technologie-Aktien am stärksten gewichtet. Da der Nasdaq ein gutes Barometer für den Technologiesektor abgibt, erfasst er kaum den Gesamttrend. Der Russel 2000 Index beinhaltet die Wertentwicklung von Aktien mittlerer Unternehmen. Darum wird er auch hauptsächlich benutzt, um die Performance dieses Marktsegments beurteilen zu können und eignet sich weniger zur Einschätzung von Aktien größerer Unternehmen.

Da man sich über die meisten dieser Aktienindizes ganz einfach durch Finanzzeitungen, das Fernsehen oder das Internet informieren kann, ist es auch nicht schwer, sie im Auge zu behalten. Der stärkste Hinweis auf die Marktrichtung ist gegeben, wenn alle wichtigen Indizes in die gleiche Richtung tendieren *(siehe Abbildung 11.1)*.

# Schritt 2: Marktsektoren und Branchen

Der Aktienmarkt wird in Marktsegmente unterteilt, die man wiederum in die einzelnen Branchen aufteilt. Es gibt zehn Marktsektoren: Grundstoffe, Zyklische Konsumgüter, Nicht-zyklische Konsumgüter, Energie, Finanzdienstleister, Gesundheitswesen, Gewerbe, Technologie, Telekommunikationswesen und Versorger. Jeder dieser Sektoren kann aus zwölf oder mehr Branchen bestehen. Zum Technologiesektor gehören Branchen wie das Computerwesen, Internet, Bürogeräte und Halbleiterelektronik. Zu den Finanzdienstleistern zählen zum Beispiel Banken, Versicherungen und Wertpapier-Handelshäuser.

*Abbildung 11.1 Aktienindex*

Um den Trend des Aktienmarktes zu erkennen, schaut man sich am besten einen der großen Aktienindizes an. Dieses Beispiel zeigt *(Abbildung 11.1)*, dass der NYSE Composite Index bereits seit mehreren Jahren einen Kursanstieg aufwies.

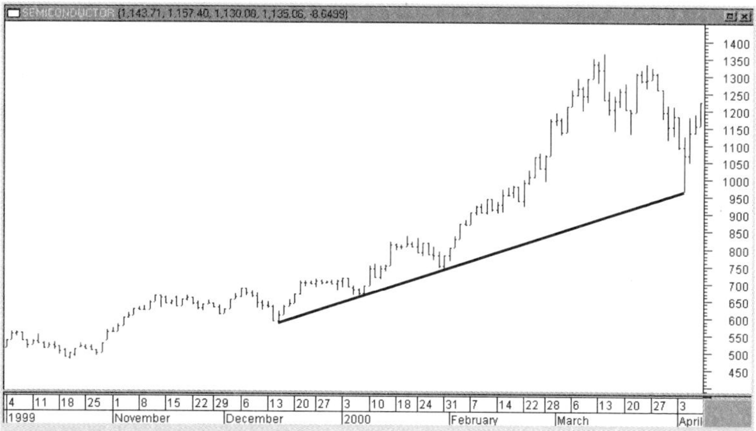


*Abbildung 11.2 Eine starke Branche*

*Tagesbalken*

Beispiel einer starken Branche *(Abbildung 11.2)*. Während der ersten Monate des Jahres 2000 stellten Halbleiter-Aktien die stärkste Branche eines starken Technologiesektors dar.

Es wird empfohlen, mit den Marktsektoren zu beginnen und nach den stärksten Sektoren Ausschau zu halten. Im Jahr 1999 bis Anfang 2000 stellten beispielsweise die Technologieaktien den stärksten Marktsektor dar. Wenn Sie den stärksten Sektor erkannt haben, können Sie nach der stärksten Branche dieses Sektors suchen. Während des besagten Zeitraums waren es Internet- und Halbleiter-Aktien. Ziel ist es, in der stärksten Branche innerhalb des stärksten Marktsektors engagiert zu sein *(siehe Abbildung 11.2)*.

Für viele Anleger ist die Suche an dieser Stelle bereits beendet. Wenn Sie sich für einen Marktsektor und eine Branche entscheiden, können Sie diese durch Investmentfonds abdecken, die sich auf bestimmte Marktsektoren und Branchen spezialisiert haben.

## Schritt 3: Einzelne Aktien

Für Anleger, die sich auf Einzelaktien ausrichten, stellt dies den dritten Schritt in unserem differenzierteren Ansatz dar. Wenn der Trader eine Branche mit starkem Potenzial zum Kursanstieg ausfindig gemacht hat, kann er sich innerhalb dieser Branche auf die Suche nach einzelnen Aktien machen, die Erfolg versprechend sind. Nach Schätzungen schlagen etwa 50 % der Aktien die Richtung ein, die durch die Branche vorgegeben wurde. Wenn Sie diese Branche gefunden haben, ist Ihre Arbeit bereits zur Hälfte erledigt.

Wenn man die Aktiensuche auf die gewinnenden Marktsektoren und Branchen beschränkt, hat man auch den Vorteil, dass die Suche dadurch erheblich erleichtert wird. Es gibt nämlich 5.000 Aktien, unter denen der Anleger auswählen kann, und es ist äußerst schwierig, in so vielen Märkten suchen zu müssen. Daher ist eine Vorauswahl erforderlich. Diese Vorauswahl leistet unser differenzierter Ansatz in drei Schritten. Wenn man sich bei der Suche auf nur wenige Marktsektoren und Branchen beschränkt, verringert sich die Anzahl der Aktien, die man untersuchen muss, drastisch. Außerdem wissen wir bei der Untersuchung der einzelnen Aktie bereits, dass wir es mit einer Branche zu tun haben, die zum Gewinnsektor gehört *(siehe Abbildlung 11.3)*.

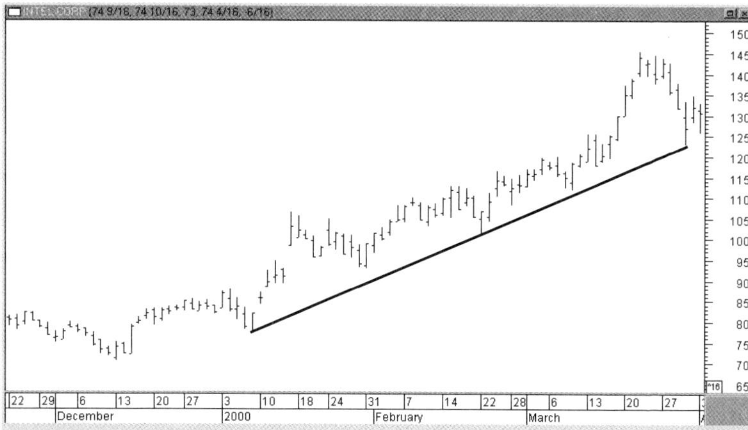


*Abbildung 11.3 Einzelaktie*

*Tagesbalken*

Intel war in den ersten drei Monaten des Jahres 2000 eine der stärksten Halbleiter-Aktien. Wenn man also seine Suche in der Halbleiterelektronik-Branche beginnt, findet man viel leichter eine gewinnbringende Aktie *(siehe Abbildung 11.3)*.

# 12 Gleitende Durchschnitte

Unter den technischen Indikatoren erfreuen sich die **gleitenden Durchschnitte** großer Beliebtheit bei den technischen Analytikern, und das hat auch seinen Grund. Gleitende Durchschnitte haben eine glättende Wirkung auf die Kurstätigkeit und erleichtern das Erkennen eines Trends. Aufgrund der Interaktion zwischen Kurs und gleitendem Durchschnitt oder sogar zwischen den Durchschnitten selbst erhält man genaue Hinweise auf den Trend. Da aber ein gleitender Durchschnitt durch die Mittelwertbildung mehrerer Tage konstruiert wird, hinkt er der Kurstätigkeit ständig hinterher. Je kürzer der zugrunde liegende Zeitraum ist (je weniger Tage also für die Berechnung herangezogen werden), desto sensibler reagiert er auf Kursveränderungen und desto genauer hält er sich an das Kursgeschehen. Je länger der benutzte Zeitrahmen ist (je mehr Tage also in die Berechnung eingehen), desto weiter ist er vom tatsächlichen Kursgeschehen entfernt und desto weniger reagiert er auf Trendänderungen. Der gleitende Durchschnitt ist leicht zu berechnen und eignet sich sehr gut zur Überprüfung anhand historischer Daten. Dies sind die Hauptgründe dafür, dass sich die meisten mechanischen Trendfolgesysteme auf den gleitenden Durchschnitt stützen.

## Die beliebtesten gleitenden Durchschnitte

Bei der Aktienanalyse gehören die Einstellungen auf Zeiträume von 50 und 200 Tagen zu den beliebtesten Durchschnitten (bei Wochencharts werden die Einstellungen der Durchschnitte auf 10- und 40-Wochen verändert). Während eines Aufwärtstrends sollten die Kurse über dem 50-Tage-Durchschnitt bleiben. Kleinere Kurskorrekturen prallen häufig an diesem Durchschnitt ab, der als Unterstützungsebene fungiert. Wenn der Markt in beträchtlichem Abstand unter dem 50-Tage-Durchschnitt schließt, kann dies in der Regel als erstes Anzeichen für eine starke Korrektur gelten. In den meisten Fällen deutet der Ausbruch unter den 50-Tage-Durchschnitt auf einen weiteren Kursrückgang zum 200-Tage-Durchschnitt hin. Wenn sich ein Markt in einer normalen Korrekturphase innerhalb eines Aufwärtstrends befindet, sollte er im Kursbereich des 200-Tage-Durchschnitts eine weitere Unterstützung finden. Beim Kurzfrist-Trading wird man einen 20-Tage-Durchschnitt einsetzen, um kurzfristige Trendwechsel zu erkennen.

## Bollinger Bänder

Dabei handelt es sich um Tradingbänder, deren Entfernung vom 20-Tage gleitenden Durchschnitt die zweifache Standardabweichung über und unter der Durchschnittslinie beträgt. Wenn der Markt eines dieser beiden Bänder berührt oder über- beziehungsweise unterschreitet, wird eine Fortsetzung des Trends in die Ausbruchsrichtung erwartet. Aber häufig werden sich die Kurse zur Linie des gleitenden Durchschnitts zurückbewegen.

## Der MACD (Moving Average Convergence Divergence)

Der MACD ist eine beliebte Tradingmethode. Die Basis für seine Berechnung bilden zwei gewichtete gleitende Durchschnitte (gewichtete Durchschnitte verleihen den aktuelleren Kursen ein höheres Gewicht). Wenn sich die beiden MACD-Linien schneiden, werden Handelssignale generiert.

# 13 Oszillatoren

Oszillatoren lassen erkennen, wann der Markt Überkauft- oder Überverkauft-Bedingungen aufweist. Der untere Extrembereich (überverkaufte Zone) wird zwischen 0 und 30 und der obere Extrembereich (überkaufte Zone) zwischen 70 und 100 angesetzt. Erreicht der Oszillator den oberen Extrembereich, so wird der Markt als »überkauft« bezeichnet und ist somit anfällig für Kursrückgänge. Wenn der Oszillator die untere Extremzone erreicht, ist der Markt »überverkauft« und vielleicht reif für eine Kurserholung. Der Oszillator ist bei der Erfassung von Extremen behilflich und sagt dem Chartanalytiker, wann ein Auf- oder Abwärtstrend überbeansprucht ist.

## Der Relative-Stärke-Index (RSI)

Dies ist einer der beliebtesten Oszillatoren bei technischen Tradern. Der RSI umfasst eine Skala von 0 bis 100, wobei eine waagrechte Linie bei 70 und 30 eingetragen wird. Ein RSI-Wert über 70 gilt als überkauft. Ein RSI-Wert unter 30 wird als überverkauft betrachtet. Die gebräuchlichste Zeitperiode des RSI beträgt 9 und 14 Tage *(siehe Abbildung 13.1)*.

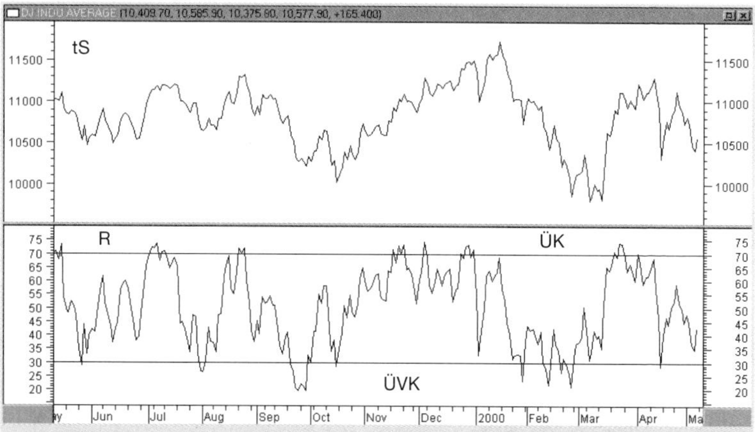


*Abbildung 13.1 Der RSI-Oszillator*

*daily closes = tägliche Schlusskurse (tS); RSI = 9-Tage-Relativer-Stärke-Index (R); overbought = überkauft (ÜK); oversold = überverkauft (ÜVK)*

In diesem Beispiel *(Abbildung 13.1)* wird ein 9-Tage-RSI-Indikator im Dow Jones Industrial Average eingesetzt. Ein RSI über 70 entsteht oft bei kurzfristigen Kurskorrekturen. Ein RSI über 30 kennzeichnet häufig Kursböden.

## Die Stochastik

Die Skala der Stochastik reicht von 0 bis 100. Die obere und untere Linie befinden sich bei 80 (überkauft) und 20 (überverkauft). Das bedeutet also, dass Werte über 80 als überkauft und Werte unter 20 als überverkauft gelten. Eine Besonderheit der Stochastik besteht darin, dass es nicht nur eine Linie gibt, sondern zwei Linien: die schnelle Stochastik %K und deren geglätteter gleitender Durchschnitt %D, den man langsame Stochastik nennt. Wenn sich die beiden Linien schneiden entsteht ein Tradingsignal. Ein Kaufsignal wird generiert, wenn die schnelle %K-Linie die langsame %D-Linie unter 20 von oben kreuzt. Ein Verkaufssignal wird generiert, wenn die schnelle %K-Linie die langsame %D-Linie über 80 von unten kreuzt. Von Chartanalytikern wird am häufigsten die Zeitperiode von 14 Tagen verwendet (siehe Abbildung 13.2).

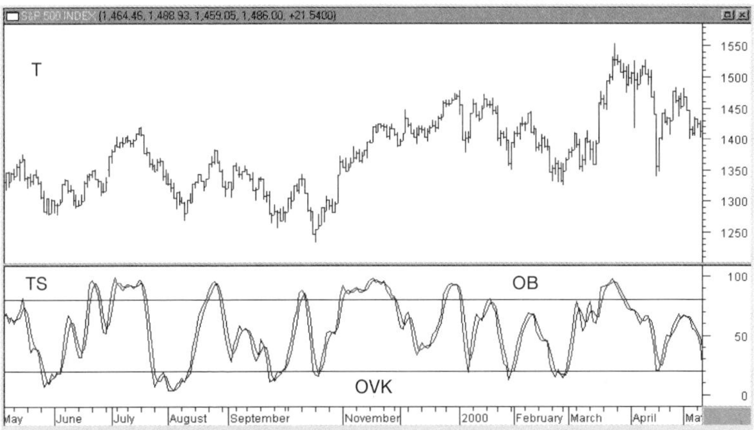


*Abbildung 13.2 Der Stochastik-Oszillator*

*daily bars = Tagesbalken (T); 14-Tage-Stochastik (TS); overbought = Überkauft (OB); oversold = Überverkauft (OVK)*

In diesem Beispiel *(Abbildung 13.2)* wird ein 14-Tage-Stochastik-Oszillator im S&P 500 eingesetzt. Die letzten beiden Kursböden im S&P 500 waren durch eine Stochastik im Überverkauft-Bereich gekennzeichnet, die unter 20 lag. Ein Relative-Stärke-Index über 80 fällt häufig mit kurzfristigen Höchstkursen zusammen.

## In allen Zeitrahmen anwendbar

Wie die meisten Indikatoren können Oszillatoren für jeden beliebigen Zeitrahmen eingesetzt werden. Das heißt, dass sie für Wochen-, Tages- und Intraday-Charts benutzt werden können. Es ist empfehlenswert, für alle Zeitrahmen die gleiche Zeitperiode zu verwenden. Wenn Sie die Stochastik-Linien eintragen, verwenden Sie beispielsweise auf dem Wochenchart 14 Wochen, auf dem Tageschart 14 Tage und auf dem Stundenchart 14 Stunden usw. Ein weiterer Grund, der für die Verwendung der gleichen Zeitperiode spricht, besteht darin, dass man mit einem Tastendruck zwischen Wochen-, Tages- und Intraday-Charts hin- und herschalten kann. Wenn Sie für alle Zeitrahmen die gleiche Zeitperiode verwenden, erleichtern Sie sich die Arbeit erheblich.

simplified

# 14 Verhältnisse und relative Stärke

Die technische Analyse kann auch auf so genannte **Verhältnis-Charts** angewendet werden. Trendlinien und gleitende Durchschnitte können beispielsweise beim Erfassen von Trends auf Verhältnis-Charts behilflich sein und den Trader auf Veränderungen dieser Trends aufmerksam machen. Die eingehende Untersuchung dieser **Verhältnis-Charts** kann wertvolle Informationen zur Analyse der Märkte hinzufügen.

## Verhältnisse bei Marktsektoren

In Kapitel 11 wurde die Verwendung eines differenzierteren Ansatzes empfohlen, um gewinnbringende Marktsektoren, Branchen und Einzelaktien herauszufiltern. Durch die **Verhältnisanalyse** lässt sich die **»relative Stärke«** jedes Marktes bestimmen. Wenn man zum Beispiel eine Branche aussucht, besteht die allgemeine Technik darin, dass man einen Industrie-Index (wie die Halbleiterelektronik) durch eine Orientierungsgröße wie den S&P 500 dividiert. Wenn die Verhältnislinie steigt, dann bedeutet dies, dass der betreffende Industriezweig über dem Durchschnitt des Gesamtmarktes liegt. Wenn die Verhältnislinie sinkt, so hinkt der jeweilige Industriezweig dem Gesamtmarkt hinterher. Ziel dieses Vorgehens ist es, die Aufmerksamkeit auf die Branchen mit steigenden Verhältnislinien zu richten und die Branchen mit fallenden Verhältnislinien zu meiden. Auf dieses Weise kaufen Sie nur die Branchen, die über mehr »relative Stärke« verfügen.

## Verhältnisse bei Aktien

Wenn Sie eine Branche identifiziert haben, die zu den Gewinnern gehört, können Sie die **Verhältnisanalyse** auf Aktien dieser Branche anwenden. Dividieren Sie einfach die einzelnen Aktien dieser Branche durch den Branchenindex selbst. Die Aktien die steigende Verhältnislinien aufweisen, stellen die stärksten Aktien dieser Branche dar. Ziel dieser Analyse ist, dass man die Aktien dieser Branche herausfindet, die die höchste »relative Stärke« besitzen, so dass wir die stärksten Aktien der besten Branchen kaufen.

## Verhältnisse der Märkte

Die Verhältnisanalyse kann eingesetzt werden, um die wichtigsten Indizes miteinander zu vergleichen. Wenn Sie zum Beispiel den Nasdaq Composite Index durch den S&P 500 dividieren, können Sie erkennen, ob die Technologie-Aktien dem Gesamtmarkt über- oder unterlegen sind. Sie können den Russel 2000 dem S&P 500 gegenüber stellen, um die »relative Stärke« (oder Schwäche) von Aktien mittlerer Unternehmen zu erfassen *(siehe Abbildung 14.1)*.

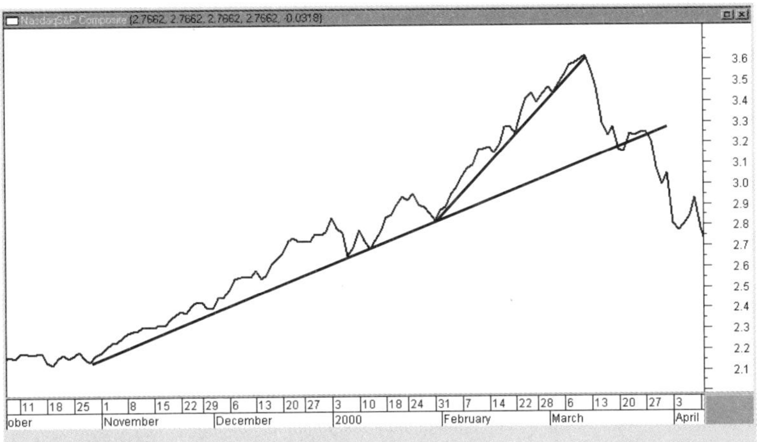


*Abbildung 14.1 Verhältnisse und relative Stärke*

*Tagesbalken (daily bars); 14-Tage-Stochastik; überkauft (overbought); überverkauft (oversold)*

Die Verhältnisanalyse zwischen Nasdaq und S&P 500 zeigt eine bemerkenswerte »relative Stärke« im Technologiebereich von Ende 1999 bis Anfang 2000. Der Ausbruch aus der oberen Trendlinie deutete jedoch auf eine relative Schwäche im Technologiebereich hin. Mit der Verhältnisanalyse kann man sehr gut den Wechsel der Marktsektoren innerhalb des Aktienmarktes mit den jeweils günstigsten Bedingungen erkennen *(siehe Abbildung 14.1)*.

simplified

# 15 Optionen

Optionen geben dem Käufer das Recht, nicht aber die Verpflichtung, den Basiswert innerhalb eines bestimmten Zeitraums zu einem im Voraus festgelegten Ausübungspreis zu kaufen (falls es sich um einen Call handelt) oder zu verkaufen (falls es sich um einen Put handelt). Ein Trader mit einer bullischen Markteinschätzung kann einfach einen Call kaufen. Ein Trader, der eine bearische Beurteilung des Marktes vertritt, kann einfach einen Put kaufen.

Der Hauptvorteil beim Optionstrading ist das **begrenzte Risiko.** Der Trader bezahlt eine **Prämie**, wenn er eine Option kauft. Wenn sich der Markt nicht erwartungsgemäß verhält, verfällt die Option wertlos. Der maximale Verlust, der daraus entstehen kann, besteht im Betrag, der für die Prämie bezahlt wurde.

Es gibt unzählige Optionsstrategien, die von Optionstradern verwendet werden können. Aber die meisten Optionsstrategien erfordern eine bestimmte Marktbeurteilung. Das bedeutet, dass der Optionstrader zuerst einschätzen muss, ob die Kurse des zugrunde liegenden Basisinstruments steigen, fallen oder relativ unverändert bleiben werden. Dies ist darauf zurückzuführen, dass der wesentliche Faktor, der Einfluss auf den Wert einer Option, in der Entwicklung des zugrunde liegenden Marktes besteht. Um also die passende Optionsstrategie festlegen zu können, sollte man wissen, dass die Analyse nicht auf die Option, sondern auf den zugrunde liegenden Markt bezogen wird.

Daher spielen die Prinzipien der Chartanalyse, die bisher besprochen wurden sowie deren Anwendung auf die Finanzmärkte eine äußerst wichtige Rolle beim Traden von Optionen.

## Das Put-Call-Verhältnis von Optionen

Als Grundlage für einen sehr beliebten Stimmungsindikator dient die Handelsaktivität in den Optionsmärkten. Diesen Indikator bezeichnet man als das **Put-Call-Verhältnis**. Dieses Verhältnis ergibt sich aufgrund des Verhältnisses des Put-Volumens dividiert durch das Verhältnis des Call-Volumens. Es wird im Allgemeinen auf Indexoptionen des S&P 100 (OEX), die an der Optionsbörse »Chicago Board of Options Exchange« (CBOE) gehandelt werden oder auf das Put-Call-Verhältnis von Aktienoptionen auf Einzelaktien der CBOE angewendet.

## Der entgegengesetzte Indikator

Der S&P 100 oder das Put-Call-Verhältnis der CBOE-Aktienoptionen wird als **entgegengesetzter Indikator** bezeichnet, weil ein hohes Put-Call-Verhältnis als bullisches Zeichen interpretiert wird, da es auf eine überwiegend bearische Stimmung hinweist. Ein niedriges Put-Call-Verhältnis wird als bearisches Zeichen gewertet, weil es auf eine vorwiegend bullische Marktstimmung hindeutet. Der Gedankengang, der dem Gebrauch des Put-Call-Verhältnisses als entgegengesetzter Indikator zugrunde liegt, ist der, dass die Optionstrader in der Nähe von Höchstkursen zu bullisch und in der Nähe von Tiefstkursen zu bearisch gestimmt sind.

## Der CBOE-Volatilitätsindex (VIX)

Dieser entgegengesetzte Indikator basiert auf der Volatilität der Indexoptionen des S&P 100 (OEX). Da es sich um einen entgegengesetzten Indikator handelt, beinhaltet ein steigender VIX-Index größere Volatilität und deutet auf die Angst vor einem Kursrückgang im Aktienmarkt hin. Während ein sinkender VIX-Index geringere Volatilität und größeres Vertrauen in den Markt bedeutet. Der VIX-Index bewegt sich in der Regel zwischen 30 und 20. Ein Rückgang unter 20 ist normalerweise mit Höchstkursen verbunden. Steigt der VIX-Index aber über 30, so geht dies im Allgemeinen mit Tiefstkursen einher.

simplified

# 16 Das Prinzip der Bestätigung

Das Prinzip der Bestätigung besagt folgendes: Je mehr Beweise technischer Art die jeweilige Analyse stützen, desto zuverlässiger ist die daraus abgeleitete Schlussfolgerung. Bei der Untersuchung eines bestimmten Marktes sollten alle technischen Indikatoren in die gleiche Richtung weisen. Wenn einige Indikatoren nach oben und einige nach unten zeigen, sollten Sie misstrauisch werden. Ziehen Sie in diesem Fall andere Aktien aus der gleichen Branche heran. Eine bullische Analyse einer Aktie ist nicht überzeugend, wenn die anderen Aktien dieser Branche fallen. Da sich die Aktien einer Branche üblicherweise in die gleiche Richtung bewegen, sollten Sie sich vergewissern, ob die Richtung der anderen Aktien mit der Aktie übereinstimmt, die Sie untersuchen.

Schauen Sie sich die verschiedenen technischen Indikatoren an, um feststellen zu können, ob diese miteinander übereinstimmen. Werden die Chartformationen durch das Volumen bestätigt? Bestätigen die gleitenden Durchschnitte und die Oszillatoren Ihre Chartanalyse? Was zeigen die Wochen- und Monatscharts an? Es kommt zwar selten vor, dass alle Indikatoren in die gleiche Richtung weisen, aber es zahlt sich aus, so viele wie möglich auf Ihrer Seite zu wissen.

simplified

# 17 Zusammenfassung und Schlussbetrachtung

In dieser Einführung haben wir die technische Analyse und deren Anwendung auf die Finanzmärkte vorgestellt. Es wurden kurz die wichtigsten Hilfsmittel besprochen, die von den Chartanalytikern eingesetzt werden: die Grundlagen der Chartanalyse, die Untersuchung des Volumens, gleitende Durchschnitte, Oszillatoren, der Umgang mit Verhältnischarts sowie Wochen- und Intraday-Charts. Um ein erfolgreicher Trader zu werden, muss man lernen, wie man diese einzelnen Faktoren zu einer einheitlichen Theorie der Marktanalyse verbindet.

Die vielen Softwareprogramme und auf dem Internet beruhende Produkte (zum Beispiel Echtzeitdaten oder verzögerte Daten der Börsen), die heutzutage zur Verfügung stehen, sind äußerst wertvoll und erleichtern die Technische Analyse erheblich. Diese Möglichkeiten sind heute jedem Privatanleger zugänglich, was noch nicht allzu lange der Fall ist. Viele Softwareprogramme und internetgestützte Produkte enthalten alle technischen Analysewerkzeuge, die es Ihnen ermöglichen, mühelos Charts zu erstellen, historische Daten abzurufen und besitzen die Fähigkeit, Tests anhand historischer Daten durchzuführen und von Ihnen selbst entwickelte Tradingsysteme zu optimieren, ohne dass Sie hierzu technisches Wissen oder Erfahrungen benötigen.

Die Technische Analyse stattet Sie mit hervorragenden Möglichkeiten zur Marktprognose aus, die Sie mit oder ohne fundamentale Informationen einsetzen können. In einem Bereich ist die Technische Analyse jedoch absolut entscheidend: beim Timing. Die zeitliche Abstimmung ist rein technischer Natur, und daher setzt die Teilnahme an den Märkten die Anwendung der Technischen Analyse geradezu voraus.

Es ist nicht erforderlich, dass Sie zum Experten der Chartanalyse werden, um Ihre Vorteile nutzen zu können. Die Chartanalyse wird dem Trader helfen, die richtige Seite des Marktes zu beziehen und die Einstiegs- und Ausstiegspunkte zu lokalisieren, was für den erfolgreichen Trader von entscheidender Bedeutung ist. Ob es sich um einen Daytrader oder einen langfristig orientierten Anleger handelt: Es ist sowohl zu seinem als auch zu Ihrem Vorteil, die Chartanalyse zu erlernen.

simplified

# Über den Autor:

**John J. Murphy** hat drei Erfolgsbücher über die Technische Analyse verfasst: »Intermarket Technical Analyses« und »The Visual Investor«. Seine letzte Arbeit »Technical Analysis of the Financial Markets« (1999), ist eine überarbeitete Ausgabe seines Klassikers, der in acht Sprachen übersetzt wurde. John J. Murphy ist Präsident der Firma »Murphymorris.com«, die interaktive Schulungsmaterialien über die technische Analyse und technische Analysen, die über das Internet zugänglich sind, produziert. Als früherer Gastgeber der CNBC-Talkshow »Tech Talk« und Sprecher bei allen namhaften Trading- und Investitionsforen und Tagungen ist John J. Murphy einer der bekanntesten und hochgeachtetsten technischen Analysten der Gegenwart.

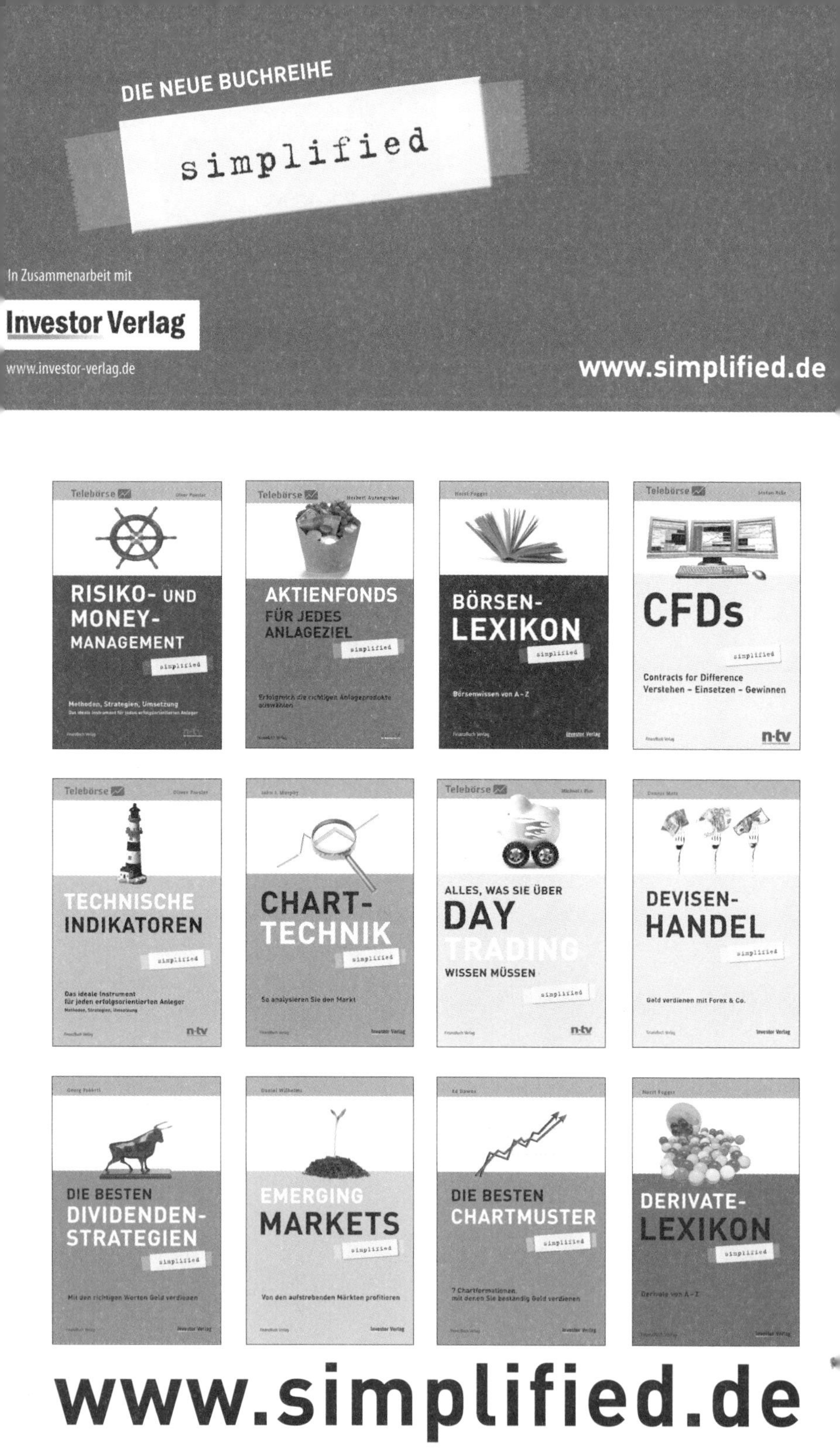

DIE NEUE BUCHREIHE
simplified
In Zusammenarbeit mit
Investor Verlag
www.investor-verlag.de
www.simplified.de
RISIKO- UND MONEY-MANAGEMENT
simplified
Methoden, Strategien, Umsetzung
AKTIENFONDS FÜR JEDES ANLAGEZIEL
simplified
BÖRSEN-LEXIKON
simplified
Börsenwissen von A–Z
CFDs
simplified
Contracts for Difference
Verstehen – Einsetzen – Gewinnen
n-tv
TECHNISCHE INDIKATOREN
simplified
Das ideale Instrument für jeden erfolgsorientierten Anleger
n-tv
CHART-TECHNIK
simplified
So analysieren Sie den Markt
ALLES, WAS SIE ÜBER DAY TRADING WISSEN MÜSSEN
simplified
n-tv
DEVISEN-HANDEL
simplified
Geld verdienen mit Forex & Co.
DIE BESTEN DIVIDENDEN-STRATEGIEN
simplified
Mit den richtigen Werten Geld verdienen
EMERGING MARKETS
simplified
Von den aufstrebenden Märkten profitieren
DIE BESTEN CHARTMUSTER
simplified
7 Chartformationen, mit denen Sie beständig Geld verdienen
DERIVATE-LEXIKON
simplified
www.simplified.de

# Technische Analyse der Finanzmärkte

**John J. Murphy**

John Murphy bringt Ordnung ins weite Feld der Technischen Analyse. Anfänger und Fortgeschrittene finden die neuesten Charttechniken in direkter Anwendung auf eine Vielzahl von Finanzinstrumenten. Sogar die schnelllebigen online-Trading-Märkte sind in diesem Werk berücksichtigt. Desweiteren werden interessante Indikatoren, Candlestick-Charts und die unverzichtbare Intermarketanalyse in aller Ausführlichkeit vorgestellt. Mit diesem Buch gelangt der Anleger von grundlegenden Charttechniken zur aktuellsten Computertechnologie und zu den fortschrittlichsten Analysemethoden. Das maßgebliche Buch zur Technischen Analyse der Finanzmärkte.

511 Seiten (+144 Seiten Workbook); Hardcover; Preis € 49,90 (D); € 51,30 (A); SFr 87,00;
ISBN 978-3-89879-062-8

# Neue Intermarket Analyse

**John J. Murphy**

Dass die internationalen Märkte in einem engen Zusammenhang stehen, ist spätestens seit der Globalisierungsdebatte weltweit bekannt. Doch auch die einzelnen Finanzmärkte sind in einem engen Geflecht miteinander verbunden. Die neue Analysemethode der Intermarket-Analyse beschäftigt sich mit der Entwirrung dieses Geflechts und versucht, wiederkehrende Muster zu erkennen, die der Interpretation der internationalen Märkte dienen sollen. John Murphy zeigt die Muster der letzten 24 Jahre auf, Muster, die nicht nur Währungen oder Rohstoffe, sondern ganze Volkswirtschaften betreffen, wie z.B. die Währungskrise in Asien 1997. Ein Muss für jeden Investor.

290 Seiten, Hardcover; Preis € 44,90 (D); € 46,20 (A); SFr 77,00; ISBN 978-3-89879-083-3

# Schwager zur
# Technischen Analyse

**Jack D. Schwager**

Am schönsten wäre es, Aktien am Tiefpunkt zu kaufen und beim Höchststand wieder zu veräußern. Doch dieser Wunsch wird für immer und ewig nur ein Börsianertraum bleiben. Auch den Anhängern der Chartlehre bleibt es nicht erspart, nach Signalen einer Trendumkehr zu suchen, die zuverlässig eine neue Bewegung voraussagen. Mit Sicherheit gehört das Erkennen eines Richtungswechsels zu den schwierigsten Unterfangen der Technischen Analyse. Doch wer hier seine Hausaufgaben mit Sorgfalt erledigt, hat in Zukunft an der Börse die besseren Karten.

381 Seiten, Hardcover; Preis € 34,90 (D); € 35,90 (A); SFr 58,60; ISBN 978-3-89879-034-5

# Enzyklopädie der Chartmuster

**Thomas N. Bulkowski**

Es gibt eine Vielzahl von Chartmustern, die dem Anleger sagen, ob sich eine Aktie oder Ware im Aufwärts- oder Abwärtstrend befindet. Verschiedene Muster signalisieren verschiedene Ereignisse, und diese Muster verraten dem Anleger, wie sich die Aktie, ausgehend vom aktuellen Kurs, verhalten wird. Daher ist das Verfolgen und Erkennen von Chartmustern ein wichtiges Instrument der Technischen Analyse. Die »Enzyklopädie der Chartmuster« ist weltweit der umfassendste Leitfaden zur Chartbildung. Er erläutert detailliert das Marktverhalten und enthält aktuelle Performance-Statistiken. Ein unverzichtbares Nachschlagewerk für Börsenhändler und versierte Anleger.

719 Seiten, Hardcover; Preis € 64,90 (D); € 66,80 (A); SFr 110,00; ISBN 978-3-89879-084-0

# Technische Analyse

**Jack D. Schwager**

Brillant und leicht nachvollziehbar erfahren Sie alles über die wichtigsten Chartverfahren. Nutzbringende Handelsstrategien und klar umrissene Praxisbeispiele mit Hunderten von aussagestarken Charts liefern Ihnen wertvolle Lösungen für die entscheidenden Fragen der Börse. Es werden genauestens die Gründe untersucht, wann Sie eine Position eingehen sollten und wie sich diese Position aus technischer Sicht entwickeln wird. Ferner finden Sie hier die Indikatoren, von denen die gesamte Fachwelt spricht, einmal leicht verständlich erklärt: ihre Verwendung, der Nutzen und auch die klaren Grenzen beim Einsatz von Indikatoren.

860 Seiten, Hardcover; Preis € 64,90 (D); € 66,80 (A); SFr 110,00; ISBN 978-3-932114-03-8